HIMMLISCH GESUNDE WEIHNACHTS-BÄCKEREI

Lynn Hoefer

HIMMLISCH GESUNDE WEIHNACHTS-BÄCKEREI

HEAVENLYNN HEALTHY

Natürliche Rezepte
für Advent und Weihnachten

Jan Thorbecke Verlag

INHALT

Die Rezepte in diesem Buch sollen eure
geliebten Plätzchen nicht ersetzen,
sondern eure Keksdosen um neue
Leckereien ergänzen.

Eure Lynn

Für meine Schwestern May Britt und Malin sowie mein Patenkind Nora

MEINE GESÜNDERE WEIHNACHTSBÄCKEREI

Die Weihnachtszeit ist eine besondere Zeit. Es riecht überall nach Zimt und Nelken, eine freudige Stimmung liegt in der Luft und irgendwie zieht der Zauber des Advents uns doch alle in seinen Bann.

Eine der schönsten Erinnerungen, die ich an meine Kindheit habe, ist das Backen mit meiner Mutter und meiner Oma, besonders zur Weihnachtszeit. Auch heute noch werde ich im Dezember immer wieder zum Kind. Es kommt nicht selten vor, dass neben „In der Weihnachtsbäckerei" auch noch andere Alben von Rolf Zuckowski in meiner Küche laufen. Ich liebe die Weihnachtszeit und deswegen habe ich auch dieses Buch geschrieben.

Obwohl ich mich seit 2012 überwiegend pflanzenbasiert und sehr zuckerreduziert ernähre, habe ich nie auf meine Lieblingsplätzchen zur Weihnachtszeit verzichtet. Auch heute noch esse ich weiterhin den Stollen meiner Oma oder den Mohnstriezel meiner Mutter, denn Weihnachten hat für mich immer auch etwas mit Genuss zu tun.

Trotzdem liebe ich es, in der Küche herumzuexperimentieren und gesündere Keksvarianten zu kreieren. Meistens schmecken mir diese sogar besser als traditionelle Plätzchen, da mir vieles mit der Zeit zu süß geworden ist. Dieses Buch möchte also keinesfalls traditionelles Gebäck verurteilen, sondern eure Keksdose um ein paar Rezepte erweitern.

Für mich steht auch bei Weihnachtsgebäck eine gesunde Balance im Fokus. Meine Plätzchen sind alle pflanzenbasiert (vegan), ohne Weizen und, sofern gewünscht, auch ohne Gluten. Nur ein Rezept enthält Honig; dort gibt es aber eine vegane Alternative. Außerdem sind die Kekse so natürlich wie möglich ohne raffinierten Zucker gesüßt. Eine hohe Nährstoffdichte der Zutaten ist mir in meiner Weihnachtsbäckerei ebenso wichtig wie Geschmack und Konsistenz der Leckereien.

Dennoch sind die Rezepte in diesem Buch nur als Inspiration gedacht. Sie können immer an euren Geschmack und eure Ernährungsweise angepasst werden. Ich möchte euch mit den Rezepten nur zeigen, dass es möglich ist zu naschen und dem Körper gleichzeitig etwas Gutes zu tun. Es geht in diesem Buch also um Freude in der Weihnachtszeit und keinesfalls um Verzicht.

EIN KURZES WORT ZUM THEMA „GESUND" ...

Ich habe dieses Buch „Himmlisch gesunde Weihnachtsbäckerei" genannt, da ich nur natürliche Zutaten verwende und, sooft es geht, auf Vollkornmehl zurückgreife. Trotzdem sind die Rezepte in diesem Buch Süßigkeiten und sollten auch als solche betrachtet werden. Ein Backrezept kann noch so gesunde Zutaten enthalten, letztendlich ist Gebäck immer etwas, das man in Maßen genießen sollte.

NATÜRLICHE SÜßE

Gesund zu backen heißt nicht, komplett auf Süße zu verzichten. Weihnachtsgebäck besteht immer aus einem süßen Teil, sonst wäre es ja kein Gebäck. Komplett zuckerfreie Plätzchen gibt es also nicht, aber es gibt Plätzchen, die natürlich(er) gesüßt sind. Am liebsten würde ich alles nur mit Apfelmark oder Trockenobst verfeinern, doch leider klappt dies bei Plätzchen nicht immer. Auch gibt es nicht das eine perfekte Süßungsmittel. Man muss, wie bei allem, häufig zwischen Geschmack, Gesundheit und Ökobilanz abwägen. Die folgenden Zutaten verwende ich am häufigsten.

TROCKENOBST

Datteln, Aprikosen, Rosinen etc. sind für mich die gesündesten Süßungsmittel, da sie in dieser Form in der Natur vorkommen. Neben Zucker enthalten sie nämlich auch Ballaststoffe und einige Mineralstoffe. Auch Apfelmark oder Banane süßen Teige, doch bei meinen Tests konnten nur mit Apfelmark oder Bananenmus gesüßte Plätzchen leider bisher nicht überzeugen.

AHORNSIRUP

Der kanadische Sirup ist geschmacklich eines meiner liebsten Süßungsmittel. Er ist nicht raffiniert, sodass er im Gegensatz zu raffiniertem Zucker noch einige Nährstoffe vorweisen kann. Beim Kauf unbedingt auf qualitativ hochwertigen Ahornsirup setzen (Grad A), da günstiger Ahornsirup häufig mit sehr ungesundem Maissirup (High Fructose Corn Syrup) gestreckt wird.

REISSIRUP

Reissirup ist besonders für die fruktosearme Ernährung geeignet, da er, im Gegensatz zu anderen süßenden Lebensmitteln, wenig Fruktose enthält. Er ist weniger süß, also braucht man manchmal etwas mehr davon.

KOKOSBLÜTENZUCKER

Der aus der Kokospalme gewonnene Zucker soll den Blutzuckerspiegel nicht so stark ansteigen lassen. Mir schmeckt er vor allem wegen seiner leicht karamelligen Note. Außerdem ist er ein Kristallzucker, mit dem man sehr gut backen kann.

DATTELSÜßE

Bei diesem Zucker handelt es sich um getrocknete und gemahlene Datteln. Es ist also ein Kristallzucker aus Datteln. Dattelsüße ist recht mild, weniger süß als Kokosblütenzucker und sehr vollwertig. Man bekommt sie vor allem im Bioladen.

MELASSE

Melasse ist ein dunkler Sirup, der als Nebenprodukt in der Zuckerproduktion anfällt. Sie enthält noch alle Mineralstoffe und Spurenelemente, die vorher in der Zuckerrübe waren. Wer keine Melasse findet, kann sie durch Zuckerrübensirup ersetzen, allerdings ist dieser weniger wertvoll und schmeckt anders.

BIRKENZUCKER (XYLIT)

Ich verwende Birkenzucker nur in Maßen, da er in größeren Mengen abführend wirken kann. Am liebsten nutze ich ihn in Puderform als Puderzucker-Ersatz. Birkenzucker ist für Hunde giftig, sodass man in Hundehaushalten vorsichtig damit umgehen muss. Achtung: Xylit ist nicht unbedingt gleich Birkenzucker. Er wird auch günstig aus Mais hergestellt. Achtet beim Kauf auf das Wort „Birkenzucker".

WAS IST MIT DICKSÄFTEN?

Apfel-, Birnen- oder Agavendicksäfte verwende ich in meinen Rezepten nicht, da sie teilweise einen höheren glykämischen Index (GI) haben als weißer Haushaltszucker. Das heißt, dass sie den Blutzuckerspiegel sehr schnell in die Höhe und dann wieder in die Tiefe schnellen lassen, was zu sogenannten Energietiefs führt. Doch gerade Apfel- oder Birnendicksäfte haben eine sehr gute Ökobilanz. Wer sie nutzen will, kann sie 1 : 1 mit Ahornsirup oder Reissirup austauschen.

GÜNSTIGE ALTERNATIVE

Mir ist bewusst, dass die Zutaten, die ich verwende, nicht gerade günstig sind. Eine günstigere und halbwegs bewusste Alternative zu den oben genannten Zuckerarten ist Vollrohrzucker. Natürlich lässt er den Blutzuckerspiegel ebenso schnell in die Höhe steigen wie weißer, verarbeiteter Zucker. Doch Vollrohrzucker enthält immer noch einige Mineralstoffe und Spurenelemente und ist deswegen eine budgetfreundlichere Alternative zu Kokosblütenzucker. Eine Stufe darunter ist Roh-Rohrzucker. Dieser wird nur einmal raffiniert und ist somit auch noch etwas besser als weißer Zucker.

MEHLE

Ich habe weder Zöliakie noch eine Glutenunverträglichkeit, deshalb ernähre ich mich nicht glutenfrei. Da jedoch meine Schwester Zöliakie hat, wurden die meisten Rezepte in diesem Buch in zwei Varianten getestet: glutenfrei und mit Dinkelmehl. Solltet ihr nicht glutenfrei leben, könnt ihr prinzipiell alle Rezepte in diesem Buch mit Dinkelmehl backen. Ich mag es persönlich sehr gerne, auch mit anderen Mehlen zu spielen, die zufällig auch noch glutenfrei sind. Die folgenden Mehle nutze ich in diesem Buch am häufigsten.

DINKELMEHL

Dinkelvollkornmehl ist meine erste Wahl, da es reichlich Nährstoffe enthält und den Blutzuckerspiegel nur langsam ansteigen lässt. Früher habe ich teilweise nur mit Vollkornmehl gebacken, heute nutze ich auch immer häufiger Dinkelmehl Type 1050 und Type 630, wenn ich eine etwas feinere Konsistenz erreichen möchte, an der man sich nicht die Zähne ausbeißt. Die feineren Dinkelmehle haben immer noch mehr Nährstoffe als Weizenmehl.

VOLLKORNREISMEHL

Ein sehr feines, glutenfreies Mehl, das sich gut für Plätzchen eignet. Ich finde es recht geschmacksneutral und angenehm in der gebackenen Konsistenz.

GEMAHLENE NÜSSE

In den meisten Teigen mische ich Getreidemehl mit gemahlenen Mandeln oder Haselnüssen, weil diese den Teig ballaststoffreicher und vollwertiger machen. Außerdem verleihen gemahlene Nüsse den Plätzchen den typischen Weihnachtscharakter.

(GLUTENFREIES) HAFERMEHL

Hafermehl ist ein sehr günstiges Mehl, das man leicht selbst machen kann. Dafür einfach Haferflocken im Mixer zu einem feinen Mehl mahlen. Es ist recht süß und glutenfrei, wenn man glutenfreie Haferflocken verwendet. Hafermehl verleiht Gebäck eine festere Konsistenz als z.B. Vollkornreismehl.

BUCHWEIZENMEHL

Ein sehr vollwertiges, nährstoffreiches und glutenfreies Mehl, das ich früher am liebsten genutzt habe. Anscheinend mögen viele Menschen den Geschmack von Buchweizenmehl allerdings nicht, weshalb ich es nur noch in glutenfreien Mehlmischungen zusammen mit anderen glutenfreien Mehlen verwende.

STÄRKE

Solltet ihr glutenfrei backen wollen, kommt ihr um etwas Stärke in euren Plätzchen nicht herum. Am einfachsten ist es, wenn ihr euch die glutenfreie Mehlmischung von Seite 129 selbst macht. Da ist ein gewisser Anteil Mais- und Kartoffelstärke drin, der hilft, eine fluffige und nicht zu feste Konsistenz zu erreichen. Eine teurere Alternative zu Maisstärke ist die weniger verarbeitete Pfeilwurzelstärke.

GÜNSTIGE ALTERNATIVE

Solltet ihr keine Glutenunverträglichkeit haben und günstig, aber gesünder backen wollen, so empfehle ich die verschiedenen Dinkelmehlsorten. Die sind sogar erschwinglich, wenn man sie in Bio-Qualität kauft.

ÖLE UND FETTE

Plätzchen ohne Fett gibt es, aber meistens leidet der Geschmack darunter. Ich betrachte Fett definitiv nicht als einen Feind, wie es uns die Diätindustrie lange eingeredet hat. Im Plätzchenteig sorgen Öle oder Fette für Bindekraft, Geschmack und eine angenehme Konsistenz.

NUSSMUS

Am allerliebsten nutze ich in Keksen und Plätzchen Nussmus als Fettersatz. Dadurch wird Gebäck saftiger und nicht so trocken. Cashewmus mag ich besonders gerne, ebenso Mandel- und Erdnussmus. Nussallergikern empfehle ich Sonnenblumenkernmus, das es im Bioladen recht günstig zu kaufen gibt. Auch Tahini (auch Tahin oder Sesammus genannt) nutze ich sehr gerne.

KOKOSÖL

Ich backe bevorzugt mit Kokosöl, weil ich den Geschmack sehr mag. Wer den typischen Kokosgeschmack nicht mag, kann mild gedämpftes Kokosöl verwenden (z.B. von Alnatura oder Bio Planète). Wer sich nicht vegan ernährt, kann Bio-Butter verwenden. Natürlich möchte ich euch in diesem Buch die pflanzliche Ernährung schmackhaft machen, doch verurteile ich es nicht, wenn ihr gerne Butterplätzchen esst.

VEGANE BUTTER – JA ODER NEIN?

Lange habe ich mich sehr gegen vegane Butter gesträubt, da es sich hierbei um raffinierte und verarbeitete Fette handelt. Nicht gerade das, was ich persönlich als gesund betiteln würde.
Hinzu kommt, dass viele vegane Buttersorten oder Margarine Palmöl enthalten.
Eine Marke, die ich für mich entdeckt habe, ist Vitaquell. Die Margarine besteht aus Kokosöl, Sheabutter und Sonnenblumenöl, wobei Sonnenblumenöl die dritte und nicht die erste Zutat ist, was ich begrüße. Sie ist also eine Alternative für alle, die eine vegane Butter ohne Palmfett suchen. Ich backe selten bzw. fast nie mit veganer Butter, sie ist aber eine Alternative, wenn man kein Nussmus oder Kokosöl mag.

RAPSÖL MIT BUTTERGESCHMACK

Diesen Tipp würdet ihr nicht in einem typischen Gesundheitsbuch der Vollwertküche finden. Aber da ich immer nach einer guten Balance zwischen gesund und Genuss suche, nutze ich in einigen Rezepten Rapsöl mit Buttergeschmack (Albaöl). Es ist ein toller Ersatz, wenn man das Aroma von Butter mag, aber sich dennoch pflanzlich ernähren möchte. Albaöl erfüllt natürlich nicht die Kriterien der Vollwertphilosophie, da es naturidentische Aromastoffe enthält, aber in Maßen ist es aus meiner Sicht völlig unbedenklich.

GÜNSTIGE ALTERNATIVE

Bei Ölen und Fetten ist die Qualität leider häufig vom Preis abhängig. Hier würde ich nicht sparen, denn hochwertige Öle sind wesentlich besser für unser Wohlbefinden als günstige, raffinierte Öle (z.B. Sonnenblumenöl, Sojaöl, Distelöl).

EI-ERSATZ

Ich backe gerne rein pflanzlich, deswegen sind alle Rezepte in diesem Buch rein pflanzlich bzw. vegan (es sei denn, man nutzt Honig-Marzipan). Die folgenden Zutaten ersetzen in der veganen Weihnachtsbäckerei die Bindekraft der Eier.

LEINSAMEN ODER CHIASAMEN

1 EL Leinsamen oder Chiasamen mit 2–3 EL Wasser ersetzt in vielen Backrezepten die Bindekraft eines Eis. Chiasamen haben eine stärkere Bindekraft und sind geschmacksneutraler, wohingegen heimische Leinsamen die bessere Ökobilanz aufweisen.

APFELMARK

3 EL Apfelmark ersetzen in Keksteigen ein Ei und süßen diese gleichzeitig. Am liebsten würde ich alle Rezepte mit Apfelmark süßen, doch bei meinen Rezepttestern konnten reine Apfelmark-Plätzchen nicht immer überzeugen.

KÜRBISMUS

Eine tolle Ei-Alternative ist Kürbismus. 3 EL können in einigen Teigen ein Ei ersetzen. Kürbismus kann man einfach selbst machen, indem man Kürbis im Ofen röstet oder dämpft und anschließend püriert (Seite 128). Eine schnelle Alternative ist Kürbismus aus dem Babyglas.

MINERALWASSER MIT KOHLENSÄURE

In Rührteigen, wie bei dem Gewürzkuchen von Seite 91, hilft Mineralwasser mit Kohlensäure beim Binden und macht den Teig gleichzeitig schön fluffig.

BEVOR IHR BEGINNT …

Die Rezepte in diesem Buch sollen euch Freude bringen und das Leben etwas versüßen. Bei der Konzipierung der Rezepte habe ich anfangs versucht, es allen recht zu machen. Doch schnell habe ich gemerkt, dass das nicht möglich ist. Meine Plätzchen sind so vollwertig wie möglich, sie sind alle rein pflanzlich, ohne raffinierten Zucker und die meisten haben eine glutenfreie Variante. Allerdings enthalten sie Nüsse, Fruktose, Kokos- oder andere Pflanzenöle und Zuckeralternativen. Denn eines habe ich gelernt: Es ist nicht möglich, Plätzchen aus Luft und Liebe zu backen.

ZUTATEN ERSETZEN

In den meisten Rezepten kann jede Nusssorte gegen eine andere Nusssorte eingetauscht werden. In Rezepten, in denen gemahlene Nüsse verwendet werden, können beispielsweise auch gemahlene Sonnenblumenkerne eingesetzt werden. Dann ändert sich natürlich der Geschmack der Rezepte.

SÜẞE

Ahornsirup, Dattelsirup, Reisirup oder Kokosblütensirup können meistens ohne Probleme gegeneinander ausgetauscht werden. Allerdings ist Reissirup weniger süß. In manchen Rezepten ist Reissirup explizit als empfohlene Süße angegeben, da dieser sehr klebrig und zäh ist und Teige gut zusammenhält. Hier wäre dann eine nicht-vegane Alternative Honig. Ebenfalls ist es nicht immer möglich, trockene Süße (Dattelsüße, Kokosblütenzucker) durch Sirup oder Apfelmark zu ersetzen und vice versa. Wenn ihr Rezepte verändert, bleibt bitte bei der gleichen Konsistenz der zu ersetzenden Zutaten.

NUSSMUS

Ihr werdet merken, dass ich sehr gerne mit Nussmus backe. In meinen Augen ist es eine gesündere und nährstoffreichere Alternative zu Butter oder Pflanzenöl. Natürlich ist mir bewusst, dass Nussmus teuer ist. Bei einigen Rezepten habe ich deswegen Alternativen mit Pflanzenölen getestet und es direkt in den Rezepten vermerkt. Wer gegen Nüsse allergisch ist, kann Erdmandel- oder Sonnenblumenkernmus verwenden. Besonders Letzteres ist sehr günstig und kann sogar prima selbst gemacht werden (Seite 129). Es ist allerdings bitterer im Geschmack.

MEHLE

Es ist möglich, Mehle gegeneinander auszutauschen, allerdings kann ich dann nicht für das Gelingen garantieren. In den meisten Fällen kann man Dinkelmehl durch eine glutenfreie Mehlmischung oder glutenfreie Mehle durch Dinkelmehl Type 1050 oder Dinkelvollkornmehl ersetzen. Vollkornteige brauchen aber generell etwas mehr Flüssigkeit.

TIPPS UND TRICKS

MENGENANGABEN

Ganz bewusst habe ich die Mengenangaben der Zutaten für wenige Plätzchen bzw. wenige Bleche angegeben. Die Zutaten der gesunden Küche sind recht teuer, weshalb es sehr ärgerlich ist, wenn mal ein Rezept nicht funktioniert oder nicht schmeckt. Natürlich bin ich von allen Rezepten 100 % überzeugt, doch die Geschmäcker sind bekanntlich verschieden. Probiert also erst einmal die angegebenen kleinen Mengen der Rezepte aus.

DER PERFEKTE PLÄTZCHENTEIG

Roher Plätzchenteig sollte immer auf kalte Bleche gelegt werden. Nutzt beim Backen deshalb unbedingt zwei Backbleche, sodass eines zwischendurch auskühlen kann. Nach dem Backen sollten Plätzchen ca. 10 Minuten auf dem warmen Blech auskühlen und dann auf einen Kühlrost gelegt werden. Es verhindert das Nachschwitzen, das die Konsistenz der Kekse verändern kann.

NÜTZLICHE HELFER

Eine digitale Küchenwage ist zum Backen wichtig, da man sich sehr genau an die Mengenangaben halten sollte. Ein Nudelholz ist ebenfalls nützlich, doch eine leere Weinflasche tut es zur Not auch. Für mich sind Ausrollhölzer, mit denen man die Höhe von ausgerolltem Teig genau festlegen kann, die größte Entdeckung in den letzten Jahren gewesen. Neben einem einfachen Handrührgerät ist ein Zerkleinerer (Food Processor) zusätzlich hilfreich.

ZIMT IST NICHT GLEICH ZIMT

Es gibt zwei Arten von Zimt. Ceylon-Zimt ist gesund und kann sogar den Blutzucker stabilisieren. Cassia-Zimt hingegen steht im Verdacht, Leberschäden zu verursachen. Deshalb unbedingt Ceylon-Zimt kaufen. Achtet auch bei weihnachtlichen Gewürzmischungen auf die Zimtsorte, die verwendet wird. Sogar bekannte Biofirmen nutzen in Lebkuchen- oder Spekulatiusgewürz Cassia- Zimt, also unbedingt darauf achten.

OFENTEMPERATUR

Nicht alle Öfen heizen gleich stark. Lasst die Plätzchen deshalb nicht aus den Augen und stellt die Uhr lieber etwas kürzer als zu lang ein. Verbrannte Plätzchen sind immer ärgerlich.

GELINGGARANTIE

Zu guter Letzt: Ich kann nur für das Gelingen der Rezepte garantieren, wenn ihr euch zu 100 % an die Zutatenliste haltet. Bitte versucht nicht, glutenhaltige Mehle wie Dinkelmehl 1:1 durch trockene Mehle, wie Kokos- oder Mandelmehl, zu ersetzen und erwartet dann ein zufriedenstellendes Ergebnis. Jedes Rezept in diesem Buch ist mindestens dreimal von mir oder meinen Elfen getestet worden, allerdings nur mit den angegebenen Mengenangaben, Zutaten und Anleitungen.

Und jetzt viel Spaß und Freude beim Backen.

Eure Lynn

AUSSTECHER

HELLER PLÄTZCHENTEIG FÜR AUSSTECHPLÄTZCHEN

1 STD.
+ 15 MIN. KÜHLZEIT

Nichts ist in einem Plätzchenbuch wichtiger als der richtige Teig für Ausstechplätzchen. Diese Plätzchen lassen sich recht einfach ausstechen, sind durch Reissirup nicht zu süß, zerlaufen nicht und schmecken auch nach zwei Wochen noch superlecker.

FÜR 2 BLECHE

1 EL gemahlene helle Leinsamen
2 EL Wasser
150 g Dinkelmehl Type 1050 (oder glutenfreie Mehlmischung)
50 g gemahlene Mandeln
1 gute Prise Meer- oder Steinsalz
50 g natives oder mildes Kokosöl, streichfähig auf Zimmertemperatur
50 g helles Nussmus (z. B. Cashewmus)
70 g Reissirup
1 TL Bio-Zitronenschale
1 Prise Vanillepulver

Die Leinsamen mit dem Wasser vermengen und zur Seite stellen. In einer Schüssel das Mehl mit den Mandeln und dem Salz vermengen. In einer zweiten Schüssel das Kokosöl mit dem Leinsamen-Mix, dem Nussmus, dem Reissirup, der Zitronenschale und dem Vanillepulver mit einem Handrührgerät schaumig schlagen.

Die trockenen Zutaten dazugeben und zu einem Teig verkneten. Den Teig abdecken und 15 Minuten in den Kühlschrank stellen. In der Zwischenzeit den Backofen auf 180 °C Ober- und Unterhitze (160 °C Umluft) vorheizen.

Den Teig zwischen zwei Backpapieren ca. 0,3 cm dick ausrollen, nach Lust und Laune ausstechen und auf zwei mit Backpapier ausgelegte Backbleche verteilen. Die Teigreste erneut verkneten, ausrollen und ausstechen, bis der Teig komplett verarbeitet ist. Sollte der Teig zu weich werden, dann zwischendurch noch einmal kurz in den Kühlschrank geben.

Die Plätzchen ca. 7–9 Minuten backen, bis sie am Rand leicht braun werden. Vor dem Probieren abkühlen lassen und nach Lust und Laune dekorieren.

HIMMLISCH FÜR KÖRPER UND SEELE, WEIL …

… dieser Teig eine tolle Alternative zum üblichen Ausstechteig aus Zucker, Mehl und Butter ist. Dinkelmehl Type 1050 ist zwar kein Vollkornmehl, doch enthält es wesentlich mehr Nährstoffe als helles Weizenmehl. Reissirup ist ein sehr mildes Süßungsmittel, das auch bei Fruktoseintoleranz vertragen wird. Mein Favorit in diesem Rezept ist Cashewmus, doch helles Mandelmus schmeckt auch. Das Rezept funktioniert auch nur mit Kokosöl, jedoch verlaufen die Plätzchen dann stärker.

1 STD.
+ 1 STD. KÜHLZEIT

BRATAPFEL-SPITZBUBEN

Neben Engelsaugen zählen Spitzbuben zu meinen Lieblingsplätzchen. Diese Version mit Bratapfelmarmelade ist richtig schön winterlich-fruchtig. Der Teig ist besonders mürbe und sehr fein, weshalb er vor dem Ausrollen gut gekühlt werden muss.

FÜR 12 PLÄTZCHEN

60 g Kokosöl, streichfähig auf Zimmertemperatur
30 g Cashewmus (oder Nussmus nach Wahl)
60 g Ahornsirup
100 g Dinkelmehl Type 1050 (oder glutenfreie Mehlmischung)
40 g gemahlene Haselnüsse
1 Prise Meer- oder Steinsalz
1 Prise Vanillepulver
Birkenpuderzucker (optional)

FÜR DIE BRATAPFEL-MARMELADE

100 g Apfelmark
½ TL Zimt
½ TL Bio-Zitronenschale
1 EL Ahornsirup (optional)
1 EL Chiasamen
1 EL Rosinen (optional)

Das Kokosöl mit dem Cashewmus und dem Ahornsirup verquirlen. In einer zweiten Schüssel das Mehl mit den Nüssen, dem Salz und dem Vanillepulver vermengen. Die trockenen zu den nassen Zutaten geben und zu einem homogenen Teig verkneten, der sich gut vom Schüsselrand lösen lässt. Den Teig abgedeckt für 1 Stunde in den Kühlschrank stellen. Die Kühlzeit ist wichtig, da der Teig sehr weich ist und sonst zu sehr zerfließt. Den Backofen auf 180 °C Ober- und Unterhitze (160 °C Umluft) vorheizen.

Ich empfehle, den Teig in drei Teilen zu verarbeiten und jeweils den restlichen Teig im Kühlschrank zu lassen. Den Teig zwischen zwei Backpapieren 0,3 cm dünn ausrollen und aus dem Teig ca. 12 Plätzchen mit Loch (dafür eignet sich ein Spitzbuben-Ausstecher) und 12 Plätzchen ohne Loch ausstechen. Sollte der Teig zu weich werden, dann wieder für ein paar Minuten in den Kühlschrank legen. Die Plätzchen vorsichtig auf ein mit Backpapier ausgelegtes Backblech legen und ca. 7–9 Minuten backen. Die Plätzchen komplett auskühlen lassen und in der Zwischenzeit die Bratapfel-Marmelade zubereiten.

Dafür das Apfelmark in einen Kochtopf geben und leicht erhitzen. Den Zimt und die Zitronenschale dazugeben und gut verrühren. Optional mit 1 EL Ahornsirup süßen. Zum Schluss die Chiasamen und ggf. die Rosinen unterheben und zum Abkühlen und Andicken zur Seite stellen. Jeweils 1 TL Bratapfel-Marmelade auf ein Plätzchen ohne Loch geben und mit einem Plätzchen mit Loch bedecken. Optional mit Birkenpuderzucker bestreuen. Die Plätzchen halten sich wegen der nicht konservierten Marmelade nicht lange und sollten schnell verzehrt werden.

TIPP

Natürlich könnt ihr die Spitzbuben auch mit einer anderen Marmelade füllen. Die Himbeermarmelade von Seite 42 ist auch köstlich.

45 MIN.
+ AUSKÜHLZEIT

SCHWEDISCHE PEPPARKAKOR

Pepparkakor sind schwedische Plätzchen, die unseren Pfefferkuchen sehr ähneln. Doch da wir Deutschen alles Skandinavische lieben, klingt „Pepparkakor" natürlich viel schöner. Traditionell werden sie zum Lucia-Fest am 13. Dezember gegessen, doch natürlich schmecken sie den ganzen Advent über. Den typischen Geschmack erhalten Pepparkakor übrigens von Melasse.

FÜR 2 BLECHE

30 g Albaöl (oder mildes Kokosöl)
40 g Dattelsirup
20 g Melasse (oder Zuckerrübensirup)
2 EL (glutenfreie) pflanzliche Milch
120 g Dinkelmehl Type 1050 (glutenfreie Version siehe unten)
30 g Dinkelvollkornmehl
2 TL Lebkuchengewürz (Seite 128)
1 TL gemahlener Ingwer
1 Prise gemahlener Pfeffer (optional)
1 gute Prise Meer- oder Steinsalz

FÜR DEN ZUCKERGUSS

50 g Birkenzucker (Xylit)
1 Bio-Zitrone

Den Backofen auf 180 °C Ober- und Unterhitze (160 °C Umluft) vorheizen. Das Öl mit dem Dattelsirup, der Melasse und der Milch mit einem Schneebesen verquirlen.

In einer zweiten Schüssel die beiden Mehlsorten mit den übrigen Zutaten vermengen. Die trockenen Zutaten zu den nassen geben und erst mit einem Kochlöffel und dann mit den Händen verkneten. Den Teig direkt zwischen zwei Backpapieren 0,5 cm dick ausrollen und nach Lust und Laune ausstechen. Die Plätzchen auf zwei mit Backpapier ausgelegte Backbleche verteilen und ca. 9–12 Minuten backen.

Für den Zuckerguss den Birkenzucker in einem Zerkleinerer so lange mixen, bis er zu Puderzucker wird. In einer Schale den Birkenpuderzucker tröpfchenweise mit Zitronensaft vermischen, bis sich ein Zuckerguss ergibt. Diesen in eine Spritztüte füllen und die abgekühlten Plätzchen damit dekorieren. Die Pepparkakor halten sich in einer Keksdose mindestens 4 Wochen.

GLUTENFREIE VERSION

Anstelle des Mehls 150 g glutenfreie Mehlmischung und anstatt der Pflanzenmilch 30 g Apfelmark verwenden. So bleibt die glutenfreie Version etwas saftiger.

TIPP

Melasse ist gesünder als Zuckerrübensirup. Allerdings hat sie auch einen recht intensiven Eigengeschmack. Da Melasse aber eine sehr gute Bindekraft hat, habe ich 40 g Dattelsirup und 20 g Melasse verwendet. Anstatt Dattelsirup und Melasse können auch 60 g Zuckerrübensirup verwendet werden.

40 MIN.

ZIMTSTERNE (MIT NUSSFREIER VARIANTE)

Ein Plätzchenbuch ohne Zimtsterne ist natürlich undenkbar. Mit den Jahren habe ich viele verschiedene Versionen ausprobiert und diese Variante hat mich am meisten überzeugt. Mit Erdmandeln werden die Plätzchen sogar nuss- bzw. mandelfrei. Da ich kein Freund von der klebrigen Zuckerschicht auf den Zimtsternen bin, dekoriere ich sie nur mit ein wenig Birkenstaub.

FÜR CA. 20 STÜCK

1 EL gemahlene Chiasamen
3 EL Wasser
100 g gemahlene Mandeln oder Erdmandeln
50 g Dattelsüße (oder Kokosblütenzucker)
½ EL Zimt
1 gute Prise Vanillepulver
1 Prise Meer- oder Steinsalz
1 EL Reissirup
1 EL helles oder dunkles Mandelmus (oder Erdmandelmus)
Birkenpuderzucker (optional)

Die Chiasamen mit dem Wasser vermengen und zum Andicken zur Seite stellen. Die Mandeln mit der Dattelsüße, dem Zimt, dem Vanillepulver und dem Salz vermischen. Den Chiasamen-Mix mit dem Reissirup und dem Mandelmus verquirlen. Die trockenen Zutaten dazugeben und zu einem klebrigen Teig vermengen. Den Backofen auf 180 °C Ober- und Unterhitze (160 °C Umluft) vorheizen.

Den Teig zwischen zwei Backpapieren ca. 0,5 cm dick ausrollen und zu Sternen ausstechen. Die Teigreste erneut verkneten, ausrollen und ausstechen, bis der Teig komplett verarbeitet ist. Die Sterne auf ein mit Backpapier ausgelegtes Backblech geben und ca. 8–10 Minuten backen. Unbedingt beim Ofen bleiben, da Zimtsterne schnell anbrennen können. Sobald sie an den Enden leicht gebräunt sind, aus dem Ofen holen und komplett auskühlen lassen.

Optional die ausgekühlten Zimtsterne mit Birkenpuderzucker bestäuben. Sie halten sich in einer Keksdose mindestens 4 Wochen.

NUSSFREIE VARIANTE

Gemahlene Erdmandeln enthalten weniger Fett als Mandeln, weshalb der Teig etwas mehr Flüssigkeit, in diesem Fall Reissirup und Erdmandelmus, benötigt (1,5 EL Reissirup und 2 EL Erdmandelmus). Die Variante mit Erdmandeln ist allerdings wesentlich trockener als die Variante mit Mandeln.

HIMMLISCH FÜR KÖRPER UND SEELE, WEIL …

… Mandeln eine der nährstoffreichsten Zutaten in der Weihnachtsbäckerei sind. Sie enthalten ein breites Spektrum an Mineralstoffen, wie Magnesium, Kalzium oder Kupfer sowie Vitamin E und große Mengen an B-Vitaminen. Doch auch Erdmandeln sind sehr gesund und enthalten darmfreundliche Ballaststoffe. Die Erdmandel (engl. tiger nut) ist weder eine Nuss noch eine Mandel, sondern die Wurzel der Erdmandelpflanze und somit auch für Nussallergiker bestens geeignet.

45 MIN.
+ AUSKÜHLZEIT

KÜRBIS-SPEKULATIUS

An diesem Rezept habe ich lange gefeilt, denn die Spekulatiusteige sind mir beim Ausrollen immer wieder zerbröselt. Bei einer Radtour durch die Alpen fiel mir dann Kürbismus ein und tatsächlich hat es diesem Rezept zum Erfolg verholfen. So sind die Spekulatius schön saftig, weihnachtlich und einfach köstlich.

FÜR 2 BLECHE

- 2 EL (gemahlene) Chiasamen
- 6 EL Wasser
- 2 EL Albaöl oder geschmolzenes Kokosöl
- 80 g Kokosblütenzucker
- 80 g Kürbismus (Rezept Seite 128)
- 60 g dunkles Mandelmus
- 180 g Dinkelvollkornmehl (glutenfreie Version siehe unten)
- 30 g gemahlene Mandeln
- 2 TL Weinstein-Backpulver
- 2 TL Zimt
- 2 TL Spekulatiusgewürz (Rezept Seite 128)
- 2 EL Kakaopulver
- 1 Prise Meer- oder Steinsalz
- Zuckerguss von Seite 25 (optional)

Die Chiasamen mit dem Wasser vermengen und zum Andicken ca. 10 Minuten zur Seite stellen. Zwischendurch immer mal wieder umrühren. Das Öl mit dem Kokosblütenzucker, dem Kürbis- und Mandelmus sowie dem Chia-Mix in einer Schüssel verquirlen. In einer zweiten Schüssel das Mehl, die gemahlenen Mandeln, das Backpulver, den Zimt, das Spekulatiusgewürz, das Kakaopulver und das Salz vermischen.

Die trockenen zu den nassen Zutaten geben und erst mit einem Kochlöffel, dann mit den Händen zu einem Teig verkneten. Den Backofen auf 180 °C Ober- und Unterhitze (160 °C Umluft) vorheizen.

Den Teig circa 0,5 cm dick ausrollen und nach Lust und Laune ausstechen. Wer lieber knusprige Kekse mag, rollt den Teig dünner aus. Die Spekulatius auf ein mit Backpapier ausgelegtes Backblech legen und ca. 10–12 Minuten auf mittlerer Schiene backen. Wer seine Spekulatius weicher mag, kann sie nach 10 Minuten rausnehmen, auch wenn sie noch nicht fertig aussehen.

Nach dem Backen auf einem Kühlrost erkalten lassen und wie gewünscht mit Zuckerguss dekorieren. Die Spekulatius halten sich in einer Keksdose mindestens zwei Wochen.

GLUTENFREIE VERSION

Für die glutenfreie Version anstatt des Dinkelvollkornmehls 160 g Vollkornreismehl und 4 TL gemahlene Flohsamenschalen verwenden.

HIMMLISCH FÜR KÖRPER UND SEELE, WEIL ...

... Kürbismus den Teig saftig macht und gleichzeitig das fehlende Ei im Teig ersetzt. Kürbismus kann man ganz einfach selbst machen, indem man Kürbis entweder röstet oder dämpft und dann püriert (siehe Seite 128). Wenn es mal schnell gehen soll, gibt es Kürbispüree im Babyglas auch z. B. von DM Bio oder Hipp.

45 MIN.
+ 15 MIN. KÜHLZEIT

RUDOLPH-PLÄTZCHEN

Bei Rudolph-Plätzchen geht uns doch allen das Herz auf, oder nicht? Deswegen sind diese Plätzchen definitiv nicht nur etwas für die Kleinen. Es macht so viel Spaß, sie zu dekorieren und für einen kurzen Moment wieder Kind sein zu dürfen.

FÜR CA. 18 STÜCK

1 EL gemahlene helle Leinsamen
2 EL Wasser
150 g Dinkelmehl Type 1050 (oder glutenfreie Mehlmischung)
50 g gemahlene Mandeln
1 gute Prise Meer- oder Steinsalz
50 g natives oder mildes Kokosöl, streichfähig auf Zimmertemperatur
50 g helles Nussmus (z. B. Cashewmus)
70 g Reissirup
1 TL Bio-Zitronenschale
1 Prise Vanillepulver

FÜR DIE DEKO

ca. 20 g (vegane) Zartbitterschokolade, (mindestens 70 % Kakaoanteil)
gefriergetrocknete Beeren

Die Leinsamen mit dem Wasser vermengen und zur Seite stellen. In einer Schüssel das Mehl mit den Mandeln und dem Salz vermengen. In einer zweiten Schüssel das Kokosöl mit dem Leinsamen-Mix, dem Nussmus, dem Reissirup, der Zitronenschale und dem Vanillepulver mit einem Handrührgerät schaumig schlagen. Die trockenen mit den nassen Zutaten vermengen. Den Teig abgedeckt für 15 Min. in den Kühlschrank geben.

In der Zwischenzeit den Backofen auf 180 °C Ober- und Unterhitze (160 °C Umluft) vorheizen. Den Teig zwischen zwei Backpapieren ca. 0,3 cm dick ausrollen, mit einem Glas oder Ausstecher runde Plätzchen ausstechen und auf zwei mit Backpapier ausgelegte Backbleche verteilen. Sollte der Teig beim Ausstechen zu weich werden, zwischendurch noch einmal kurz in den Kühlschrank stellen.

Die Plätzchen ca. 7–9 Minuten backen, bis sie am Rand leicht braun werden, und dann komplett abkühlen lassen.

Die Schokolade über dem Wasserbad schmelzen und die Geweihe und Augen mit einem Holzstäbchen vorsichtig aufmalen. Die Nase mit einer durchgeschnittenen gefriergetrockneten Himbeere oder Erdbeere mit Hilfe von etwas Schokolade ankleben. Die Plätzchen halten sich luftdicht verschlossen ca. 2–3 Wochen.

HIMMLISCH FÜR KÖRPER UND SEELE, WEIL ...

... diese Kekse nicht vor Zuckerguss triefen, sondern mit natürlichen und gesünderen Zutaten dekoriert werden. Gerade getrocknete Beeren oder Trockenobst eignen sich prima für eine gesündere Plätzchen-Dekoration.

30 MIN.
+ 30 MIN. KÜHLZEIT

ZUCKERFREIE KINDERKEKSE

Beim Backen mit meiner Nichte Anneli war letztes Jahr nur eines wichtig: Hauptsache mit Streuseln dekoriert. Deswegen habe ich einen Teig entwickelt, der nur mit Trockenobst und Apfelmark gesüßt wird. Somit ist zumindest der Teig frei von weißem Zucker und die Kinder können sich mit bunten Streuseln beim Dekorieren austoben.

FÜR CA. 25 STÜCK

50 g Medjool-Datteln, entsteint
40 ml kochendes Wasser
50 g Mandeln (oder gemahlene Mandeln)
1 EL Apfelmark
50 g mildes Kokosöl, streichfähig auf Zimmertemperatur
150 g (glutenfreies) Hafermehl
1 Prise Meer- oder Steinsalz

Die Datteln klein schneiden und mit dem kochenden Wasser übergießen. Die Mandeln kurz in einer Pfanne ohne Fett rösten, bis sich ihr Aroma entfaltet. Kurz abkühlen lassen und in einem Zerkleinerer zu einem feinen Mehl mahlen.

Die eingeweichten Datteln mithilfe einer Gabel fein pürieren, alternativ hilft dabei auch ein Pürierstab oder Zerkleinerer. Das Apfelmark und das Kokosöl dazugeben und verrühren. Alle trockenen Zutaten in einer Schüssel vermengen. Die Dattelpaste zu den trockenen Zutaten geben und zu einem geschmeidigen Teig verkneten. Sollte der Teig zum Ausrollen zu bröselig sein, ggf. noch etwas Apfelmark dazugeben.

Den Teig zwischen zwei Backpapieren ca. 3 mm dünn ausrollen und nach Lust und Laune ausstechen.

Die Kekse auf ein mit Backpapier ausgelegtes Backblech geben und für ca. 30 Minuten in den Kühlschrank stellen, bis sie recht hart geworden sind. Den Backofen auf 180 °C Ober- und Unterhitze (160 °C Umluft) vorheizen. Die Kekse ca. 12 Minuten backen, bis sie leicht gebräunt sind. Komplett auskühlen lassen. Die Kekse halten sich in einer Keksdose mehrere Wochen.

TIPP

Optional können gewünschte Streusel mit dem Birkenzucker-Zuckerguss von Seite 25 angeklebt werden. Da der Teig aber bereits ohne Haushaltszucker auskommt, ist auch „normaler" Zuckerguss völlig in Ordnung. Eine andere Alternative wäre ebenfalls die weiße Schokolade von Seite 113.

HIMMLISCH FÜR KÖRPER UND SEELE, WEIL ...

... diese Plätzchen nur mit Datteln und etwas Apfelmark gesüßt werden und somit besonders gut für Kinder geeignet sind. Das Wort „zuckerfrei" bezieht sich natürlich auf raffinierten Zucker, da hier Fruchtzucker enthalten ist. Im Vergleich zu herkömmlichem Plätzchenteig ist die Zuckermenge aber sehr reduziert.

30 MIN.
+ 30 MIN. KÜHLZEIT

LAVENDEL-HAFER-COOKIES

Diese Plätzchen sind zufällig glutenfrei und erinnern von der Konsistenz her etwas an Sandgebäck. Die gemahlenen Haferflocken geben den Cookies nicht nur einen hohen Ballaststoffanteil, sondern auch eine leichte Süße. Verfeinert werden die Kekse durch Lavendelblüten, die ihnen ein unerwartetes Aroma verleihen.

FÜR 12 PLÄTZCHEN

120 g (glutenfreie) Haferflocken (alternativ Hafermehl)
40 g Maisstärke (oder Kartoffel- oder Pfeilwurzelstärke)
1 Prise Meer- oder Steinsalz
1 TL Lavendelblüten
80 g natives Kokosöl, streichfähig auf Zimmertemperatur
40 ml Ahornsirup
ca. ½ TL Bio-Zitronenschale

Die Haferflocken in einem Mixer zu feinem Mehl mahlen. Die gemahlenen Haferflocken mit der Maisstärke, dem Salz und den Lavendelblüten vermengen. Das Kokosöl und den Ahornsirup mit einem Handrührgerät oder Schneebesen schaumig schlagen und die Zitronenschale hineinreiben. Die Mehlmischung dazugeben und kurz zu einem Teig vermengen. Den Teig mit den Händen zu einer geschmeidigen Kugel formen und diese für eine halbe Stunde abgedeckt in den Kühlschrank geben.

Den Teig aus dem Kühlschrank nehmen und mit den Händen wieder zu einem geschmeidigen Teig durchkneten. Den Backofen auf 180 °C Ober- und Unterhitze (160 °C Umluft) vorheizen. Den Teig teilen und die erste Hälfte zwischen zwei Backpapieren ca. 0,5 cm dünn ausrollen. Das ist nicht so leicht wie mit konventionellem Teig, da sich leicht Risse im Teig bilden. Diese mit den Händen einfach etwas wegdrücken.

Die Plätzchen nach Lust und Laune ausstechen, vorsichtig mit einem Messer vom Backpapier lösen und auf ein mit Backpapier ausgelegtes Blech geben. Den übrigen Teig erneut ausrollen und ausstechen, bis der Teig komplett verarbeitet wurde. Genauso mit dem restlichen Teig verfahren.

Die Plätzchen ca. 9–11 Minuten backen und komplett erkalten lassen. Sie halten sich luftdicht verschlossen mehrere Wochen.

HIMMLISCH FÜR KÖRPER UND SEELE, WEIL ...

... Lavendel als Heilpflanze besonders bei innerer Unruhe und Stress eingesetzt wird. Bei Stress schüttet der Körper vermehrt das Hormon Kortisol aus. Bereits wenige Minuten intensives Schnuppern von Lavendelduft sollen den Kortisolspiegel aber bereits sinken lassen. Beim Backen dieser Plätzchen also die Dose Lavendelblüten dicht an die Nase halten.

ZUM ROLLEN & FORMEN

55 MIN.

DATTEL-VOLLKORN-VANILLEKIPFERL

Dieses Rezept ist für alle, die nach hundert Prozent vollwertigen und natürlich gesüßten Plätzchen suchen. Doch keine Sorge, die Vanillekipferl schmecken überhaupt nicht „gesund", sondern richtig gut, aber eben auch anders als das Original. Wer lieber helle Vanillekipferl isst, findet dafür ein Rezept auf der nächsten Doppelseite.

FÜR CA. 30 KIPFERL

90 g Medjool-Datteln, entsteint
90 ml kochendes Wasser
200 g Dinkelvollkornmehl (oder glutenfreies Hafermehl)
100 g gemahlene Mandeln
1 gute Prise Meer- oder Steinsalz
Mark von 2 Vanilleschoten (oder ½ TL Vanillepulver)
140 g mildes Kokosöl, streichfähig auf Zimmertemperatur
1 TL Bio-Zitronenschale
Birkenpuderzucker zum Bestäuben

Die Datteln klein schneiden, mit dem kochenden Wasser übergießen und ca. 10 Minuten stehen lassen. Beides mit einer Gabel fein pürieren oder einen Food Processor dafür verwenden.

Das Mehl mit den Mandeln und dem Salz in einer Schüssel vermengen. Das Mark der Vanilleschoten auskratzen und in einer zweiten Schüssel mit dem Kokosöl und der Zitronenschale vermengen. Die Dattelpaste dazugeben und mit einem Handrührgerät verquirlen. Die trockenen Zutaten dazugeben und erst mit dem Rührgerät, dann mit den Händen verkneten. Der Teig ist sehr klebrig, aber das ist richtig so.

Den Backofen auf 180 °C Ober- und Unterhitze (160 °C Umluft) vorheizen. Pro Vanillekipferl ca. 2 TL Teig mit feuchten Händen zu kleinen Rollen verarbeiten und diese in der typischen Halbmondform auf ein mit Backpapier ausgelegtes Backblech legen.

Die Vanillekipferl ca. 12–14 Minuten backen, bis sie von außen leicht braun werden. Komplett abkühlen lassen und optional mit Birkenpuderzucker bestäuben. Die Vanillekipferl in einer Keksdose aufbewahren. Dort halten sie sich mehrere Wochen.

HIMMLISCH FÜR KÖRPER UND SEELE, WEIL ...

... es nichts Besseres als echte Vanille gibt. Vanille werden sogar heilende Wirkungen zugesprochen, jedoch nutzt man beim Backen natürlich nur sehr wenig Vanillemark, weshalb diese nicht erwähnenswert sind. Wenn ihr aber die Wahl zwischen synthetischem Vanillin und echter Vanille habt, kauft immer Letztere.

45 MIN.
+ 1 STD. KÜHLZEIT

MÜRBE VANILLEKIPFERL

Wieso gibt es hier zwei Vanillekipferl-Rezepte? Weil manche eben hundert Prozent Vollkorn und natürlich gesüßte Kipferl suchen und manche eher die zarte, mürbe Variante bevorzugen. Diese Version kommt dem Original am nächsten, ist total zartschmelzend im Geschmack, hat genau die richtige Süße und ist dennoch rein pflanzlich, weizenfrei und gelingt sogar glutenfrei einwandfrei.

FÜR CA. 20 KIPFERL

60 g mildes Kokosöl, streichfähig auf Zimmertemperatur
30 g Cashewmus (oder Nussmus nach Wahl)
60 g Ahornsirup
100 g Dinkelmehl Type 1050 (glutenfreie Version siehe unten)
40 g gemahlene Haselnüsse
1 Prise Meer- oder Steinsalz
¼ TL Vanillepulver (oder das Mark einer Vanilleschote)
Birkenpuderzucker (optional)

Das Kokosöl mit dem Cashewmus und dem Ahornsirup verquirlen. In einer zweiten Schüssel das Mehl mit den gemahlenen Nüssen, dem Salz und dem Vanillepulver vermengen. Die trockenen zu den nassen Zutaten geben und zu einem homogenen Teig verkneten, der sich gut vom Schüsselrand lösen lässt. Den Teig abgedeckt für mindestens 1 Stunde in den Kühlschrank stellen. Die Kühlzeit ist wichtig, da der Teig sehr weich ist und sonst zu sehr zerfließt.

Den Backofen auf 180 °C Ober- und Unterhitze (160 °C Umluft) vorheizen. Pro Vanillekipferl ca. 2 TL Teig zu kleinen Rollen verarbeiten und diese in der typischen Halbmondform auf ein mit Backpapier ausgelegtes Backblech legen.

Die Vanillekipferl ca. 9–11 Minuten backen, bis sie von außen leicht braun werden. Komplett abkühlen lassen und optional mit Birkenpuderzucker bestäuben. Die Vanillekipferl in einer Keksdose aufbewahren. Dort halten sie sich mehrere Wochen.

TIPP

Ich habe probiert, das Cashewmus durch Kokosöl zu ersetzen, doch leider verlaufen die Kipferl nur mit Kokosöl zu sehr. Da Nussmus sehr teuer ist, habe ich den Anteil so weit reduziert, wie es möglich war. Nur mit Kokosöl schmecken sie auch, werden aber sehr flach. Es hilft allerdings ein wenig, sie nach dem Formen noch einmal für 30 Minuten in den Kühlschrank zu legen. Eine günstigere Alternative zu Cashewmus und Kokosöl wären 90 g vegane Butter.

GLUTENFREIE VERSION

Das Dinkelmehl durch 90 g Vollkornreismehl und 15 g Pfeilwurzel- oder Maisstärke ersetzen. Sollte der glutenfreie Teig zu weich sein, 1 oder 2 EL mehr Vollkornreismehl einkneten. Man sollte die Teigkugel ganz gut in den Händen rollen können. Die glutenfreien Vanillekipferl werden beim Backen leicht rissig. Das ist normal und mindert den Geschmack nicht.

45 MIN.

SCHOKO-HIMBEER-ENGELSAUGEN

Engelsaugen waren als Kind meine Lieblingsplätzchen, da sie so schön fruchtig sind. Ich fülle sie immer mit Himbeermarmelade, doch natürlich kann man jede Marmeladensorte verwenden. Die glutenfreie Variante mit Hafermehl lässt sich von all den Versionen, die ich getestet habe, am besten verarbeiten, doch mit Dinkelvollkornmehl schmecken die Engelsaugen ebenfalls fantastisch.

FÜR 12 PLÄTZCHEN

85 g Cashewmus (oder Nussmus nach Wahl)
65 g Ahornsirup
12 g Kakaopulver
70 g (glutenfreies) Hafermehl (oder Dinkelvollkornmehl)
25 g gemahlene Mandeln
1 Msp. Weinstein-Backpulver
1 Prise Meer- oder Steinsalz
1 Prise Vanillepulver

FÜR DIE CHIA-MARMELADE

100 g gefrorene Himbeeren
1 EL Chiasamen
1–2 EL Ahornsirup

Für die Chia-Marmelade die Himbeeren auf niedriger bis mittlerer Hitze in einem Topf erwärmen, bis sie zusammenfallen. Mit einem Kochlöffel große Stücke zerteilen. Sobald eine Art Püree entstanden ist, den Topf vom Herd nehmen, die Chiasamen und den Ahornsirup unterrühren und abkühlen lassen.

Den Backofen auf 180 °C Ober- und Unterhitze (160 °C Umluft) vorheizen. Das Cashewmus mit dem Ahornsirup vermengen. In einer zweiten Schüssel das Kakaopulver mit dem Hafermehl, den gemahlenen Mandeln, dem Backpulver, dem Salz und dem Vanillepulver vermengen.

Die trockenen zu den nassen Zutaten geben und erst mit einem Kochlöffel, dann mit der Hand verkneten. Aus dem Teig 12 Kugeln formen und sie auf ein mit Backpapier ausgelegtes Backblech geben. Mit dem Daumen eine kleine Mulde in jedes Plätzchen formen und die Engelsaugen mit jeweils 1 TL der Chia-Marmelade füllen. Die Plätzchen für 8–10 Minuten backen und komplett abkühlen lassen.

Die Engelsaugen halten sich aufgrund der nicht konservierten Marmelade nicht ganz so lange wie andere Plätzchen, am besten isst man sie frisch. Sollte noch Chia-Marmelade übrig sein, hält sich diese 3–4 Tage luftdicht verschlossen im Kühlschrank.

HIMMLISCH FÜR KÖRPER UND SEELE, WEIL …

… Engelsaugen zumindest ein kleines bisschen an den Sommer erinnern. Genau deswegen sind es meine Lieblingsplätzchen. Neben all dem Wintergebäck sind sie eine leichte und fruchtige Abwechslung. Natürlich funktioniert das Rezept auch mit anderen Beerensorten, doch die Himbeerfüllung ist mein Favorit.

TIPP

Wer Nussmus zu teuer findet, kann in diesem Rezept Teile davon durch Kokosöl (oder vegane Butter) ersetzen. Ich habe es mit 25 g Cashewmus und 60 g Kokosöl versucht und das hat gut geklappt. Das Rezept hat sowohl mit Hafermehl als auch mit Dinkelmehl Type 1050 funktioniert und überzeugt.

45 MIN.
+ AUSKÜHLZEIT

MINI-MANDELHÖRNCHEN

Mandelhörnchen sind vielleicht keine typischen Weihnachtsplätzchen, doch passen sie prima in die Weihnachtskeksdose, findet ihr nicht? Mit selbstgemachtem Marzipan von Seite 128 sind die diese Hörnchen sogar fruktosearm und vegan .

FÜR 20 STÜCK

100 g gemahlene Mandeln
100 g Vollkornreismehl (oder Dinkelvollkornmehl)
1 EL Pfeilwurzel- oder Maisstärke (nur nötig für die glutenfreie Variante)
1 TL Weinstein-Backpulver
40 ml (glutenfreie) Hafermilch
Mark einer Vanilleschote
70 g Reissirup
200 g Marzipanrohmasse (gekauft oder selbst gemacht, siehe Seite 128)
ca.70 g Mandelblättchen
ca. 50 g (vegane) Zartbitter-schokolade (mindestens 70 % Kakaoanteil)

Den Backofen auf 200 °C Ober- und Unterhitze (180 °C Umluft) vorheizen. Die gemahlenen Mandeln mit dem Mehl, ggf. der Stärke (nur für die glutenfreie Variante) und dem Weinstein-Backpulver in einer Rührschüssel vermengen. Die Hafermilch, das Vanillemark und den Reissirup dazugeben und mit dem Rührlöffel gut vermengen.

Die Marzipanrohmasse mit den Fingern zerbröseln und mit den Händen gut in den Teig einarbeiten. Der Teig ist sehr klebrig, also nach dem Kneten erst einmal die Hände waschen.

Mit leicht feuchten Fingern aus dem Teig ca. 20 kleine Hörnchen formen. Jedes Mandelhörnchen in den Mandelblättchen wälzen und die Blätter ggf. mit den Händen andrücken, falls sie nicht gut halten. Die Hörnchen ca. 13–15 Minuten auf mittlerer Schiene goldbraun backen (die glutenfreie Version braucht ggf. 2–3 Minuten länger).

Die Mandelhörnchen auf einem Kühlrost komplett auskühlen lassen. Dann die Schokolade über dem Wasserbad schmelzen und jedes Hörnchen mit beiden Enden hineindippen. Auf ein Backblech legen und komplett erkalten lassen. Luftdicht verschlossen halten sich die Mandelhörnchen mindestens 4 Wochen.

HIMMLISCH FÜR KÖRPER UND SEELE, WEIL …

… herkömmliche Mandelhörnchen für meinen Geschmack viel zu süß sind. Diese Version enthält auch recht viel Reissirup, doch ist diese Süße viel milder. Außerdem liefern die gemahlenen Mandeln hochwertige, ungesättigte Fettsäuren und Aminosäuren.

MANDEL- UND PISTAZIEN -CANTUCCINI

JEWEILS 45 MIN.

Natürlich habe ich für dieses Buch auch über den Tellerrand geschaut, denn ich finde es spannend, welche Plätzchen in anderen Ländern während der Weihnachtszeit beliebt sind. In Italien werden Cantuccini natürlich nicht nur zu Weihnachten gegessen, doch sind sie das ideale Gebäck, wenn man sich an Plätzchen sattgegessen hat.

FÜR JE 12 STÜCK

FÜR DIE MANDEL-CANTUCCINI

1,5 EL geschrotete Leinsamen
3 EL Wasser
50 g Mandeln
100 g Dinkelmehl Type 1050
70 g gemahlene Mandeln
10 g Mais-, Kartoffel- oder Pfeilwurzelstärke
½ TL Weinstein-Backpulver
1 Prise Vanillepulver
1 Prise Meer- oder Steinsalz
30 g Albaöl (oder geschmolzenes Kokosöl)
60 g Ahornsirup
Abrieb von ½ Bio-Zitrone

Für die Mandel-Cantuccini den Backofen auf 180 °C Ober- und Unterhitze (160 °C Umluft) vorheizen. Die Leinsamen mit dem Wasser vermengen und zum Andicken zur Seite stellen. Die Mandeln grob hacken.

Das Mehl mit den gemahlenen Mandeln, der Stärke, dem Backpulver, dem Vanillepulver und dem Salz vermengen. In einer zweiten Schüssel das Öl mit dem Ahornsirup, dem Zitronenabrieb und dem Leinsamen-Mix verquirlen. Die trockenen zu den nassen Zutaten geben und gut verkneten. Zum Schluss die gehackten Mandelstückchen einarbeiten.

Aus dem Teig eine ca. 20–25 cm lange Rolle formen und auf ein mit Backpapier ausgelegtes Backblech geben. Die Rolle etwas flach drücken und 9–11 Minuten vorbacken.

Den Teig mit einem angefeuchteten Messer schräg in ca. 1 cm dicke Scheiben schneiden. Das ist nicht so leicht und einige Stücke werden leicht auseinanderbrechen. Das ist total normal und ein typischer Nebeneffekt von Cantuccini – sie sind nicht perfekt. Die Scheiben auf dem Backblech verteilen und 9 Minuten backen. Dann wenden und weitere 7–9 Minuten backen, bis sie leicht gebräunt sind.

Die Cantuccini aus dem Ofen holen und komplett abkühlen lassen. Sie halten sich luftdicht verschlossen mindestens 4 Wochen.

FÜR DIE GLUTENFREIEN PISTAZIEN-SCHOKO-CANTUCCINI

1,5 EL gemahlene Chiasamen
3 EL Wasser
30 g Pistazien
90 g glutenfreie Mehlmischung
70 g gemahlene Mandeln
2 EL Kakaopulver
1 TL Flohsamenschalen
½ TL Weinstein-Backpulver
1 Prise Vanillepulver
1 Prise Meer- oder Steinsalz
30 ml Albaöl (oder geschmolzenes Kokosöl)
60 g Ahornsirup
Abrieb von ½ Bio-Zitrone oder etwas Bio-Orangenabrieb

Für die glutenfreien Pistazien-Schoko-Cantuccini den Backofen auf 180 °C Ober- und Unterhitze (160 °C Umluft) vorheizen. Die Chiasamen mit dem Wasser vermengen und zum Andicken zur Seite stellen. Die Pistazien grob hacken.

Das Mehl mit den gemahlenen Mandeln, dem Kakaopulver, den Flohsamenschalen, dem Backpulver, dem Vanillepulver und dem Salz vermengen. In einer zweiten Schüssel das Öl mit dem Ahornsirup, dem Zitronenabrieb und dem Chiasamen-Mix verquirlen. Die trockenen zu den nassen Zutaten geben und gut verkneten. Zum Schluss die gehackten Pistazienstückchen einarbeiten.

Aus dem Teig eine ca. 20–25 cm lange Rolle formen und auf ein mit Backpapier ausgelegtes Backblech geben. Die Rolle etwas flach drücken und 9–11 Minuten vorbacken.

Den Teig mit einem angefeuchteten Messer schräg in ca. 1 cm dicke Scheiben schneiden. Das ist nicht so leicht und einige Stücke werden leicht auseinanderbrechen. Das ist total normal und ein typischer Nebeneffekt von Cantuccini – sie sind nicht perfekt. Die Scheiben auf dem Backblech verteilen und 8 Minuten backen. Dann wenden und weitere 7–9 Minuten backen.

Die Cantuccini aus dem Ofen holen und komplett abkühlen lassen. Sie halten sich luftdicht verschlossen mindestens 4 Wochen.

TIPP

Manche werden sich sicherlich fragen, wieso man die Cantuccini vorbackt und nicht direkt einscheidet. Das kann man natürlich machen und dann fallen sie auch weniger auseinander. Allerdings macht das Vorbacken den Teig luftiger und führt zu einem besseren Ergebnis. Da der glutenfreie Teig bröseliger ist, empfehle ich hier Chiasamen, da diese eine stärkere Bindekraft haben.

HIMMLISCH FÜR KÖRPER UND SEELE, WEIL …

… diverse Studien gezeigt haben, dass bereits eine Handvoll Mandeln am Tag vor Diabetes und Herz-Kreislauf-Erkrankungen schützen. Doch auch Pistazien sind gesund. Sie enthalten reichlich Vitamin B6, das für die Bildung von Hämoglobin und die Regulierung des Blutzuckerspiegels benötigt wird. Außerdem enthalten Pistazien viel Kalium, das wichtig für einen gesunden Blutdruck ist.

WEIHNACHTLICHE GEWÜRZKEKSE MIT MACADAMIANÜSSEN

30 MIN.

Diese Kekse zählen zu meinen absoluten Lieblingen in diesem Buch. Sie schmecken so schön nach Winter und sind wesentlich schneller gemacht als Ausstechplätzchen. Perfekt für einen entspannten Sonntagnachmittag im Advent.

FÜR 8–9 KEKSE

- 30 g Macadamianüsse (oder Nüsse nach Wahl)
- 60 g Cashewmus (oder Nussmus nach Wahl)
- 45 g geschmolzenes, mildes Kokosöl (oder Albaöl)
- 60 g Kokosblütenzucker
- 75 g Dinkelvollkornmehl (oder Vollkornreismehl)
- 1 Prise Meer- oder Steinsalz
- 1 gute Prise Vanillepulver
- 1 TL Zimt
- ½ TL gemahlener Ingwer
- 1 Msp. gemahlene Nelken
- 1 TL Weinstein-Backpulver
- 40 g grobe (glutenfreie) Haferflocken
- 20 g Rosinen

Den Backofen auf 180 °C Ober- und Unterhitze (160 °C Umluft) vorheizen. Die Macadamianüsse grob hacken und beiseitestellen.

Das Cashewmus mit dem Öl und dem Kokosblütenzucker gut verquirlen. In einer zweiten Schüssel das Mehl mit dem Salz, den Gewürzen und dem Backpulver vermengen. Die trockenen zu den nassen Zutaten geben und mit einem Kochlöffel vermischen. Die Haferflocken, die Macadamianüsse und die Rosinen kurz unterheben.

Mit einem Eislöffel ca. 8–9 Kugeln aus dem Teig formen und auf ein mit Backpapier ausgelegtes Backblech geben. Die Kugeln mit feuchten Händen leicht andrücken, sodass sie etwas flacher werden.

Die Kekse ca. 13–15 Minuten auf mittlerer Schiene backen und komplett abkühlen lassen. Sie halten sich luftdicht verschlossen mindestens 5 Tage.

TIPP

Eine günstige Alternative zu Nussmus wäre in diesem Rezept auch Sonnenblumenkernmus. Macadamianüsse sind zwar gesund, doch werden sie nicht regional angebaut. Nachhaltigere Alternativen wären z. B. heimische Walnüsse oder Haselnüsse.

HIMMLISCH FÜR KÖRPER UND SEELE, WEIL …

… Macadamianüsse reich an ein- und mehrfach ungesättigten Fettsäuren sind. Diese schützen unser Herz und beeinflussen den Cholesterinspiegel sogar positiv. Die wertvollen Nüsse sind außerdem reich an B-Vitaminen, die wichtige Regulatoren der Stoffwechselprozesse im Körper sind. Neben Vitamin E, das für schöne Haut, Nägel und Haare sorgt, liefern sie auch Eisen, das für den Sauerstofftransport im Blut essentiell ist.

30 MIN.
+ 30 MIN. KÜHLZEIT

SNICKERDOODLES (AMERIKANISCHE ZIMTKEKSE)

Snickerdoodles sind amerikanische Zimtkekse, die es in den USA nicht nur zur Weihnachtszeit gibt. Die Kekse werden vor dem Backen in einer Zimt-Zucker-Mischung gewälzt und sind deshalb recht süß. Legenden besagen übrigens, dass die Kekse mit dem seltsamen Namen eigentlich aus Deutschland stammen und sich ihr Name locker vom Wort „Schneckennudel" ableitet. Egal, woher sie kommen: Die müsst ihr unbedingt ausprobieren.

FÜR 20 PLÄTZCHEN

250 g gemahlene Mandeln
90 g Dinkelmehl Type 1050 (oder Hafermehl für die glutenfreie Version)
1 ½ TL Weinstein-Backpulver
1 Prise Meer- oder Steinsalz
½ Vanilleschote (oder 1 Prise Vanillepulver
90 g natives Kokosöl, streichfähig auf Zimmertemperatur
60 g Ahornsirup
1 EL pflanzliche (glutenfreie) Milch (z. B. Hafermilch), auf Zimmertemperatur

ZUM BESTREUEN

1 TL Zimt
50 g Kokosblütenzucker

Den Backofen auf 180 °C Ober- und Unterhitze (160 °C Umluft) vorheizen. Die Mandeln mit dem Mehl, dem Backpulver und dem Salz in einer Schüssel vermengen. Das Mark der Vanilleschote auskratzen und zusammen mit dem Kokosöl, dem Ahornsirup und der pflanzlichen Milch in einer zweiten Schüssel schaumig schlagen. Die trockenen zu den nassen Zutaten geben und mit einem Kochlöffel oder mit den Händen gut vermengen. Den Teig für ca. 30 Minuten abgedeckt in den Kühlschrank geben.

Den Zimt und den Kokosblütenzucker in einer Schüssel vermengen. Aus dem Teig ca. 20 Bällchen formen. Sie sind recht klebrig, mit angefeuchteten Händen geht es etwas besser. Die Bällchen in dem Zimt-und-Zucker-Mix wälzen, noch einmal zurechtformen und mit Abstand auf einem mit Backpapier ausgelegten Backblech verteilen. Die Kugeln mit den Händen leicht platt drücken.

Die Snickerdoodles ca. 11–13 Minuten auf mittlerer Schiene backen (die glutenfreien Snickerdoodles mit Hafermehl brauchen insgesamt ca. 15 Minuten im Ofen). Etwas auskühlen lassen und genießen. In einer Keksdose halten sich die Snickerdoodles ca. 3–4 Wochen, sie schmecken frisch aber am besten.

HIMMLISCH FÜR KÖRPER UND SEELE, WEIL ...

... gesund zu leben nicht bedeutet, dass man keine Süßigkeiten mehr essen sollte. Wie bei so vielem im Leben kommt es auf eine gesunde Balance an. Genuss und Freude gehören ebenso zu einer ausgewogenen Ernährung dazu und sollten niemals von Perfektionismus oder Verzicht verdrängt werden.

30 MIN.

TAHINI-CHOCOLATE-CHIP-COOKIES

Zugegeben, Chocolate Chip Cookies sind vielleicht keine traditionellen Plätzchen, aber diese Tahini-Version ist wirklich zu gut, um sie nicht zu teilen. Die Tahini in den Keksen sorgt dafür, dass die Kekse nicht zu süß sind, und die gute Prise Meersalz balanciert die Aromen perfekt aus. Wer mag, kann noch etwas Lebkuchengewürz dazugeben, doch ich finde, dass die Kekse eine prima Abwechslung zu den zimtigen Plätzchen in diesem Buch sind.

FÜR 6-7 KEKSE

50 g Kokosblütenzucker
60 g Dinkelmehl Type 630 (oder glutenfreie Mehlmischung)
1 TL Weinstein-Backpulver
1 gute Prise Meer- oder Steinsalz
90 g Tahini (Sesammus)
30 ml (glutenfreie) pflanzliche Milch (z. B. Hafermilch)
30 g (vegane) Zartbitterschokolade (mindestens 70 % Kakaoanteil), gehackt

Den Backofen auf 180 °C Ober- und Unterhitze (160 °C Umluft) vorheizen. Den Kokosblütenzucker zusammen mit dem Mehl, dem Backpulver und dem Salz in eine Rührschüssel geben und gut vermengen.

Die Tahini sowie die pflanzliche Milch dazugeben und mit den Händen kurz zu einem geschmeidigen Teig verarbeiten. Zum Schluss die Zartbitterschokolade unterrühren und aus dem Teig ca. 6–7 runde Bällchen formen.

Die Teigbälle auf ein mit Backpapier ausgelegtes Backblech geben und mit den Händen leicht andrücken. Die Kekse ca. 10–12 Minuten backen und vor dem Naschen unbedingt 5–10 Minuten abkühlen lassen, damit sie sich setzen können. Die Cookies halten sich luftdicht verschlossen einige Tage, schmecken frisch aber am besten.

TIPP

Ihr braucht für dieses Rezept eine recht flüssige Tahini. Sollte sie nicht wirklich flüssig sein, dann ersetzt einen Teil der Tahini durch geschmolzenes Kokosöl (60 g Tahini und 30 g Kokosöl).

HIMMLISCH FÜR KÖRPER UND SEELE, WEIL …

… dieses Rezept anstatt Butter Tahini enhält, weshalb es vom Nährstoffgehalt klassische Kekse total aussticht. Tahini wird aus Sesam gewonnen und enthält u.a. mehr Kalzium als Milch. Solltet ihr nicht so gerne bitter essen, dann achtet beim Kauf von Tahini auf den Hinweis „aus geschältem Sesam“. Diese Variante ist milder und weniger bitter im Geschmack.

30 MIN.

SCHNELLE KARDAMOM-KEKSE

Diese Kekse mag mein Mann Jannis besonders gerne. Kardamom ist zwar ein weihnachtliches Gewürz, doch schmecken diese Kekse das ganze Jahr über. Sie sind außerdem fix gemacht und nach knapp 30 Minuten bereit vernascht zu werden.

FÜR 14 KEKSE

150 g gemahlene Mandeln
40 g Vollkornreismehl (oder Dinkelvollkornmehl)
¼ TL Kardamom
1 Prise Meer- oder Steinsalz
1 Prise Vanillepulver
70 g natives Kokosöl, streichfähig auf Zimmertemperatur
60 ml Ahornsirup
1 Bio-Orange (1 EL Saft + etwas Orangenschale)
Pistazien (optional)

Den Ofen auf 180 °C Ober- und Unterhitze (160 °C Umluft) vorheizen. Die Mandeln mit dem Mehl, dem Kardamom, dem Salz und dem Vanillepulver in einer Schüssel vermengen.

In einer zweiten Schüssel das Kokosöl mit einem Schneebesen schaumig schlagen. Den Ahornsirup, die Orangenschale und den -saft dazugeben und verquirlen. Die trockenen zu den nassen Zutaten geben und mit einem Kochlöffel zu einem klebrigen Teig vermengen.

Mit leicht feuchten Händen ca. 14 Bällchen formen. Die Bällchen auf ein mit Backpapier ausgelegtes Backblech legen und mit den Händen leicht andrücken. Nicht zu flach drücken, da sie beim Backen noch zerlaufen. Optional in jeden Keks eine Pistazie vorsichtig hineindrücken.

Die Kekse ca. 10–12 Minuten backen, bis sie an den Rändern leicht braun werden. Etwas abkühlen lassen und genießen. Sie halten sich nicht allzu lange, also am besten schnell genießen.

HIMMLISCH FÜR KÖRPER UND SEELE, WEIL ...

... Kardamom ein Gewürz mit Heilwirkung ist. Allerdings verwendet man beim Backen nur leichte Prisen des teuren Gewürzes, weshalb man hier keine großen Wirkungen erwarten kann. Im Ayurveda gilt Kardamom als Heilmittel bei diversen Verdauungsbeschwerden. In der TCM (traditionelle chinesische Medizin) wird Kardamom auch bei Bluthochdruck eingesetzt.

40 MIN.
+ 1 STD. KÜHLZEIT

MARMOR-GEBÄCK

Als Kind habe ich am liebsten aufwendiges Kachel-Gebäck mit meiner Großmutter gebacken. Doch das erfordert eine Menge Zeit und Muße, die ich heute seltener habe. So ist dieses Marmor-Gebäck entstanden. Geschmacklich wie der Klassiker, aber viel einfacher in der Umsetzung.

FÜR 1 BLECH

50 g mildes Kokosöl, streichfähig auf Zimmertemperatur
80 g Cashewmus (oder Nussmus nach Wahl)
60 g Ahornsirup
100 g Dinkelmehl Type 630 (glutenfreie Option siehe unten)
50 g gemahlene Mandeln (oder Haselnüsse)
1 Prise Meer- oder Steinsalz
¼ TL Vanillepulver (oder das Mark von ½ Vanilleschote)
1 EL (glutenfreie) pflanzliche Milch, ich mag Hafermilch
10 g Kakaopulver

Das Kokosöl mit dem Cashewmus und dem Ahornsirup verquirlen. In einer zweiten Schüssel das Mehl mit den gemahlenen Mandeln, dem Salz und dem Vanillepulver vermengen. Die trockenen zu den nassen Zutaten geben und alles zu einem homogenen Teig verkneten. Den Teig halbieren und in eine Hälfte die pflanzliche Milch und den Kakao unterrühren. Das geht am besten mit einem Handrührgerät.

Die beiden Teige aneinanderlegen und daraus eine Rolle formen. Die Rolle abgedeckt für 1 Stunde in den Kühlschrank geben.

Den Backofen auf 180 °C Ober- und Unterhitze (160 °C Umluft) vorheizen. Die Teigrolle in ca. 1 cm dicke Scheiben schneiden. Diese mit den Händen zu Bällchen rollen und leicht angedrückt auf ein mit Backpapier ausgelegtes Backblech legen. Die Kekse ca. 10–12 Minuten backen, bis sie von außen leicht braun werden. Komplett abkühlen lassen.

Das Gebäck in einer Keksdose aufbewahren. Dort hält es sich mehrere Wochen.

GLUTENFREIE VARIANTE

Das Dinkelmehl durch 90 g Vollkornreismehl und 15 g Pfeilwurzel- oder Maisstärke ersetzen. Die glutenfreien Kekse werden beim Backen leicht rissig. Das ist normal und mindert den Geschmack nicht.

40 MIN.
+ 30 MIN. KÜHLZEIT

BROWNIE-PLÄTZCHEN

Von außen knusprig, von innen weich – das sind für mich die idealen Brownie-Plätzchen. In den USA wälzt man diese Cookies vor dem Backen noch in ordentlich Puderzucker, um die sogenannten Cringle Cookies zu erhalten. Mir reicht auch ein Hauch Birkenpuderzucker als Dekoration.

FÜR 15 PLÄTZCHEN

- 75 g (vegane) Zartbitterschokolade (mindestens 70 % Kakaoanteil)
- 50 g natives Kokosöl
- 60 g Dinkelmehl Type 1050 (oder glutenfreie Mehlmischung)
- 40 g Dinkelvollkornmehl (oder glutenfreie Mehlmischung)
- 50 g Kokosblütenzucker (oder kristallene Süße nach Wahl)
- ½ TL Weinstein-Backpulver
- 1 EL Kakaopulver
- 1 Prise Meer- oder Steinsalz
- 60 g Apfelmark
- Birkenpuderzucker (optional)

Die Schokolade grob hacken und zusammen mit dem Kokosöl über dem Wasserbad schmelzen. Zur Seite stellen und abkühlen lassen. Alle trockenen Zutaten in eine Schüssel geben und gut vermengen.

Das Apfelmark zum abgekühlten Schokolade-Mix geben und kurz verrühren. Die nassen zu den trockenen Zutaten geben und kurz, aber sorgfältig zu einem Teig vermengen. Den Teig abdecken und ca. 30 Minuten in den Kühlschrank stellen.

Den Backofen auf 180 °C Ober- und Unterhitze (160 °C Umluft) vorheizen. Aus dem Teig mit leicht feuchten Händen ca. 15 Bällchen formen und ohne Plattdrücken auf ein mit Backpapier ausgelegtes Backblech legen.

Die Plätzchen ca. 15–17 Minuten backen und auf einem Kühlrost erkalten lassen und optional mit Birkenpuderzucker bestäuben. Sie halten sich in einer Keksdose mind. 3–5 Tage, häufig länger. Allerdings werden sie mit der Zeit trockener.

HIMMLISCH FÜR KÖRPER UND SEELE, WEIL …

… diese Brownie-Plätzchen gesünder sind als der Schokoriegel zwischendurch. Die Zartbitterschokolade enthält reichlich Flavanole, winzige Pflanzenmoleküle, die nach neuesten Studien die Sauerstoffversorgung im Gehirn verbessern. Beim Kauf der Schokolade am besten auf hochwertige Bio-Marken setzen.

40 MIN.

HASELNUSSSTANGEN

Diese Stangen zerschmelzen regelrecht im Mund. Die leichte Haselnussnote und der Hauch von Nelken und Vanille machen sie zu einem meiner Lieblingsplätzchen im Advent.

FÜR 16 STÜCK

½ EL geschrotete Leinsamen
25 g Ahornsirup
25 g Apfelmark
½ TL Orangenschale
2 Tropfen Bittermandelaroma
75 g geröstete Haselnüsse (oder bereits gemahlene Haselnüsse)
125 g Dinkelmehl Type 1050 (oder glutenfreie Mehlmischung)
1 Prise Nelkenpulver
1 Prise Vanillepulver
1 Prise Meer- oder Steinsalz
70 g Kokosöl, streichfähig auf Zimmertemperatur

ZUR DEKO

1 EL (glutenfreie) pflanzliche Milch, ich mag Hafermilch
30 g gehackte Haselnüsse

Die Leinsamen mit dem Ahornsirup, dem Apfelmark, der Orangenschale und dem Bittermandelaroma verrühren und zum Andicken ca. 5 Minuten zur Seite stellen. Die Haselnüsse in einem Mixer fein mahlen und mit dem Mehl, den Gewürzen und dem Salz vermengen.

Das Kokosöl mit dem Leinsamen-Mix schaumig schlagen. Die trockenen Zutaten dazugeben und alles zu einem geschmeidigen Teig verkneten.

Den Backofen auf 190 °C Ober- und Unterhitze (170 °C Umluft) vorheizen. Pro Stange 20 g Teig abnehmen und zu einer ca. 10 cm langen Rolle formen. Die Stangen auf ein mit Backpapier ausgelegtes Backblech legen und leicht andrücken. Mit der pflanzlichen Milch bestreichen und die gehackten Haselnüsse mit den Händen vorsichtig auf den Stangen verteilen.

Die Stangen ca. 12–14 Minuten auf mittlerer Schiene goldbraun backen. Komplett abkühlen lassen. Sie halten sich in einer Keksdose ca. 3–4 Wochen.

HIMMLISCH FÜR KÖRPER UND SEELE, WEIL …

… diese Haselnussstangen nur sehr dezent gesüßt sind. Sie sind also vor allem etwas für Menschen, die sich bereits an eine zuckerarme Ernährung gewöhnt haben. Hier werden außerdem verschiedene Gewürze und Aromen kombiniert, sodass diese Stangen pures Vitamin G enthalten – Vitamin Genuss.

40 MIN.
+ AUSKÜHLZEIT

FLORENTINER

Florentiner finde ich persönlich ziemlich unterbewertet. Schon das Originalrezept ist von Natur aus glutenfrei, da kein Mehl verwendet wird. Es ist kein Ausstechen nötig und beim Backen versinkt die Küche nicht im Chaos.

FÜR 12 STÜCK

100 g Mandelblättchen
50 g gemahlene Mandeln
½ TL Zitronenschale
1 gute Prise Meer- oder Steinsalz
30 g natives oder mildes Kokosöl
40 g Kokosblütenzucker
50 ml (glutenfreie) Hafersahne
70 g (vegane) Zartbitterschokolade (mindestens 70 % Kakaoanteil)

Den Backofen auf 180 °C Ober- und Unterhitze (160 °C Umluft) vorheizen und ein Backblech mit Backpapier auslegen. Die Mandelblättchen mit den gemahlenen Mandeln, der Zitronenschale und dem Salz vermischen.

In einem kleinen Topf das Kokosöl mit dem Kokosblütenzucker und der Sahne erhitzen, bis die Masse zu blubbern beginnt. Die Hitze reduzieren und ca. 2–3 Minuten köcheln lassen. Die trockenen Zutaten dazugeben und sofort vermischen, da die Masse schnell erhärtet.

Aus der Mischung 15 Häufchen auf das Backblech geben (ca. 2 TL pro Häufchen). Die Florentiner ca. 10–12 Minuten backen, bis sie leicht gebräunt sind. Sie sind beim Herausnehmen noch weich, werden während des Abkühlens aber härter.

Die Kekse komplett abkühlen lassen. Die Schokolade über dem Wasserbad schmelzen. Jeden Florentiner vorsichtig mit der Unterseite in die Schokolade tunken und auf einem Kuchengitter abtropfen und trocknen lassen. In einem luftdicht verschlossenen Behälter halten sich die Kekse im Kühlschrank mehrere Wochen.

TIPP

Mir schmecken die Florentiner auch ohne Schokoladenglasur sehr gut. Wer mag, kann noch 30 g Rosinen, Cranberries oder gehackte Feigen zur klebrigen Masse dazugeben. Hafersahne findet man im Bioladen. Alternativ kann jede andere pflanzliche Sahne verwendet werden.

BETHMÄNNCHEN MIT HANFSAMEN

30 MIN.
+ 1 STD. KÜHLZEIT

Diese Bethmännchen enthalten wenig traditionelle Zutaten, stehen dem Frankfurter Original aber in nichts nach. Sie sind weniger süß, etwas milder und durch die Hanfsamen auch etwas nussiger als die traditionelle Version.

FÜR CA. 12 STÜCK

150 g Marzipan (gekauft oder selbst gemacht, siehe Seite 128)
10 g geschälte Hanfsamen
20 g Dinkelmehl Type 1050 (oder Vollkornreismehl)
20 g Reissirup
2 Tropfen Bittermandelaroma
1 EL (glutenfreie) pflanzliche Milch, ich mag Hafermilch
ca. 36 blanchierte Mandeln

Das Marzipan mit den Händen zerrupfen und zusammen mit den restlichen Zutaten (außer den blanchierten Mandeln) in eine Schüssel geben und mit den Händen gut verkneten. Den Teig abgedeckt ca. 1 Stunde in den Kühlschrank geben.

Den Backofen auf 180 °C Ober- und Unterhitze (160 °C Umluft) vorheizen. Aus dem Teig ca. 12 Kugeln formen und auf ein mit Backpapier ausgelegtes Backblech geben. Jeweils mit drei Mandeln verzieren, ca. 11–14 Minuten backen und anschließend komplett abkühlen lassen. Die Bethmännchen halten sich in einer Keksdose ca. 3 Wochen.

HIMMLISCH FÜR KÖRPER UND SEELE, WEIL …

… Hanfsamen sehr nährstoffreich und wertvoll sind. Sie enthalten alle essentiellen Aminosäuren, weshalb sie eine besonders gute Proteinquelle darstellen. Ebenfalls sind sie reich an Omega-3-Fettsäuren, die u. a. für die Hormonproduktion, für den Zellstoffwechsel (Energie) und für die Verminderung von Entzündungen im Körper wichtig sind. Wer keine Hanfsamen zur Hand hat, ersetzt sie in diesem Rezept einfach durch mehr Mehl.

WEIHNACHTS-GEBÄCK

TIPP

Wer keinen Zerkleinerer hat, sollte Medjool-Datteln oder frische Datteln verwenden und diese mit den Aprikosen in 100 ml heißem Wasser einweichen (der Orangensaft entfällt in diesem Fall). Die Mischung lässt sich dann recht gut mit einer Gabel zu einem feinen Mus pürieren. Ebenfalls können bereits gemahlene Haselnüsse verwendet werden. Bei Nussallergie können auch gemahlene Mandeln oder Erdmandeln anstelle von Haselnüssen verwendet werden. Bei Erdmandeln muss ggf. etwas mehr Flüssigkeit (z. B. Orangensaft) zum Teig gegeben werden.

1 STD.
+ AUSKÜHLZEIT

KÜRBIS-ELISENLEBKUCHEN

Was wäre ein Plätzchen-Buch ohne Elisenlebkuchen? Meine ersten Versuche waren recht staubig und trocken, weshalb ich wieder einmal auf meine Lieblings-Geheimzutat zurückgegriffen habe: Kürbis! Er macht die Lebkuchen schön saftig und den Einsatz von Kokosöl oder Margarine unnötig.

FÜR 9 STÜCK

FÜR DIE LEBKUCHEN

100 g Medjool-Datteln, entsteint
50 g Aprikosen, getrocknet
100 ml frischer Orangensaft
300 g Haselnüsse
50 g Marzipanrohmasse (gekauft oder selbst gemacht, siehe Seite 129)
50 g Kürbismus (gekauft oder selbst gemacht, siehe Seite 128)
1 TL Bio-Orangenschale
1 EL Lebkuchengewürz (Seite 128)
1 TL Weinstein-Backpulver
70 g Dinkelmehl Type 1050 (oder glutenfreie Mehlmischung)
2 TL Flohsamenschalen (nur bei der glutenfreien Version)
1 Prise Meer- oder Steinsalz

FÜR DIE GLASUR

150 g (vegane) Zartbitterschokolade (mindestens 70 % Kakaoanteil)
Mandelkerne zum Dekorieren

Den Backofen auf 180 °C Ober- und Unterhitze (160 °C Umluft) vorheizen. Die Datteln und Aprikosen für ca. 15 Minuten im Orangensaft einweichen und anschließend mit der Flüssigkeit in einem Zerkleinerer pürieren und zur Seite stellen. Die Haselnüsse im Backofen ca. 5 Minuten rösten, bis sich die Schalen ablösen.

Die noch heißen Nüsse in ein Küchentuch wickeln und die Schale abreiben. Anschließend in einem Zerkleinerer oder Mixer fein mahlen. Das Marzipan zerstückeln und mit der Dattel-Aprikosen-Paste und den restlichen Zutaten für die Lebkuchenmasse in eine Schüssel geben. Alles mit einem Kochlöffel oder mit den Händen verkneten.

Den Backofen erneut auf 180 °C Ober- und Unterhitze (160 °C Umluft) vorheizen. Aus dem Teig ca. 9 kreisrunde Lebkuchen formen (ein Lebkuchen hat ca. 70 g). Die Lebkuchen auf ein mit Backpapier ausgelegtes Backblech legen und ca. 15–17 Minuten backen.

Die Lebkuchen komplett auskühlen lassen. Die Zartbitterschokolade über dem Wasserbad schmelzen und die Lebkuchen darin eintunken. Mit den Mandelkernen dekorieren und erneut erkalten lassen. Die Lebkuchen halten sich luftdicht verschlossen ca. 4–6 Wochen.

HIMMLISCH FÜR KÖRPER UND SEELE, WEIL ...

... diese Lebkuchen nur mit Trockenfrüchten und etwas Marzipan gesüßt werden. Alle Zutaten sind somit komplett natürlich und nicht verarbeitet.

TIPP

Der Stollen lässt sich ebenfalls zu einer typischen Stollenform formen. Damit man ihn aber gut formen kann, muss ggf. noch etwas mehr Mehl verwendet werden, da dieser Teig so saftig wie möglich gehalten wurde. Das Stollenkonfekt bleibt durch den Anschnitt natürlich nicht so saftig wie normaler Stollen, sollte also zügiger aufgegessen werden.

STOLLENKONFEKT MIT PISTAZIEN UND CRANBERRIES

1 STUNDE
+ 1 STD. GEHZEIT

Diese Stollenversion ist unkonventionell und anders und sollte auch nicht mit normalem Stollen verglichen werden. Dennoch backe ich ihn jedes Jahr im Advent und freue mich auf meine Version ohne Zitronat und Orangeat.

FÜR 1 BLECH

2 Orangen (davon der Saft von beiden und der Schalenabrieb von 1 Orange)
50 g Rosinen
50 g Cranberries, mit Apfeldicksaft gesüßt
50 g weiche Datteln, z. B. Medjool
100 ml kochendes Wasser
50 g Apfelmark
Zitronenschale von ½ Zitrone
3 EL (glutenfreie) pflanzliche Milch
20 g frische Hefe
200 g Dinkelmehl Type 630 + evtl. mehr zum Arbeiten
100 g Dinkelmehl Type 1050
1 TL Zimt
½ TL Kardamom
½ TL Vanillepulver
1 gute Prise Meer- oder Steinsalz
150 g geschmolzenes Kokosöl
4 EL pflanzlicher Joghurt, z. B. aus Hafer oder Kokos
50 g Pistazien
50 g Mandeln

AUßERDEM

Birkenpuderzucker (optional)

Die Schale von einer Orange abreiben und in einem Glasbehälter aufbewahren. Beide Orangen auspressen. Die Rosinen und Cranberries mit dem Saft der Orangen vermengen und am besten über Nacht, mindestens aber für 1 Stunde einweichen.

Die Datteln mit dem kochenden Wasser übergießen und ca. 10 Minuten einweichen. Abgießen und das Einweichwasser auffangen. Das Apfelmark mit den eingeweichten Datteln, 50 ml des Einweichwassers und der Zitronen- und Orangenschale in einem Food Processor (Zerkleinerer) oder mit einem Pürierstab fein pürieren. Es dürfen aber noch Stückchen zu sehen sein. Die pflanzliche Milch leicht erwärmen, aber nicht über 37 °C. Die Hefe sowie 1 TL der Dattel- Apfelmischung hineingeben und kurz verrühren. Den Hefemix ca. 5 Minuten stehen lassen, bis sich leichte Bläschen gebildet haben.

Die beiden Mehlsorten mit den Gewürzen und dem Salz vermengen. Das geschmolzene Kokosöl, die Dattelmischung und den Joghurt dazugeben und alles zu einem klebrigen Teig verkneten. Die Pistazien und Mandeln grob hacken. Bei den Rosinen und Cranberries den überschüssigen Orangensaft abgießen und diese mit den gehackten Pistazien und Mandeln zum Teig geben und unterkneten. Dabei bei Bedarf so viel Mehl dazugeben, dass der Teig nicht mehr ganz so stark klebt.

Den Teig ca. 40 Minuten an einem warmen Ort gehen lassen. Den Teig auf ein mit Backpapier ausgelegtes Backblech geben und mit leicht mehligen Händen auf dem Blech ausbreiten. Der Teig sollte ca. 2 cm dick sein. Den Stollenteig nun noch einmal ca. 20 Minuten ruhen lassen.

Den Backofen auf 200 °C Ober- und Unterhitze (180 °C Umluft) vorheizen. Das Stollenkonfekt ca. 13–15 Minuten backen, bis die Ränder leicht braun werden. Komplett abkühlen lassen, in Quadrate schneiden (ca. 3 x 3 cm) und dann optional mit Birkenpuderzucker bestäuben. Das Konfekt hält sich luftdicht verschlossen ca. 2 Wochen.

TIPP

Natürlich kann dieses Stollenkonfekt auch mit Dinkelmehl zubereitet werden. Ich habe es mit 200 g Dinkelmehl Type 630 und 100 g Dinkelmehl Type 1050 ausprobiert und war sehr zufrieden. Bei den Gewürzen bitte nicht sparen. Da hier keine Hefe verwendet wird, braucht ihr mehr Gewürze, um das gewünschte Stollenaroma zu erzielen.

GLUTENFREIES STOLLENKONFEKT OHNE HEFE

50 MIN.
+ 1 STD. KÜHLZEIT

Da ich bisher wenig Glück mit glutenfreiem Hefeteig hatte, gibt es in diesem Buch zwei Rezepte für Stollenkonfekt. Wenn es glutenfrei sein muss, empfehle ich eher diese Variante, eine Art Quarkstollen. Das Ergebnis sieht nach Stollenkonfekt aus, schmeckt aber wie eine Mischung aus Stollen und Schmalzgebäck.

FÜR 1 BLECH

- 1 Bio-Orange (Saft und 1 TL Schale)
- 50 g Rosinen
- 50 g getrocknete Cranberries, mit Apfeldicksaft gesüßt
- 50 g saftige Datteln, z. B. Medjool
- 50 ml kochendes Wasser
- 50 g Apfelmark
- 130 g mildes Kokosöl, streichfähig auf Zimmertemperatur
- 140 g Kokosjoghurt (oder Joghurt nach Wahl)
- 300 g glutenfreie Mehlmischung
- 2 TL Weinstein-Backpulver
- 2 TL Zimt
- 2 TL Stollengewürz
- ½ TL Kardamom
- ½ TL Vanillepulver
- ¼ TL Meer- oder Steinsalz
- 50 g Pistazien
- 50 g Mandeln
- Birkenpuderzucker (optional)

Die Schale der Orange abreiben. Die Orange auspressen. Die Rosinen und Cranberries mit dem Saft der Orange vermengen und am besten über Nacht, mindestens aber für 1 Stunde einweichen.

Die Datteln mit dem kochenden Wasser übergießen und ca. 10 Minuten einweichen. Die Datteln mit dem Einweichwasser mit einer Gabel oder einem Food Processor (Zerkleinerer) zu einer Paste pürieren. Das Apfelmark, 100 g Kokosöl, den Joghurt und die Orangenschale dazugeben und alles mit einem Handrührgerät oder Schneebesen schaumig schlagen.

Das Mehl mit dem Backpulver, den Gewürzen und dem Salz vermischen und mit den nassen Zutaten vermengen. Die Pistazien und Mandeln grob hacken. Bei den Rosinen und Cranberries den überschüssigen Orangensaft abgießen und diese mit den gehackten Pistazien und Mandeln unter den Teig heben.

Den Teig abgedeckt für 1 Stunde in den Kühlschrank geben. Anschließend den Teig auf einer bemehlten Fläche ca. 1,5 cm dick ausrollen. Aus dem Teig Quadrate mit ca. 3 cm Kantenlänge schneiden und diese einzeln auf ein mit Backpapier ausgelegtes Backblech legen. Im Ofen ca. 15–20 Minuten goldbraun backen.

Fünf Minuten vor Ende der Backzeit das restliche Kokosöl in einer ofenfesten Schale in den Ofen stellen. Das Stollenkonfekt leicht abkühlen lassen und mit dem geschmolzenen Kokosöl bestreichen. Optional noch in Birkenpuderzucker wälzen.

Das Stollenkonfekt hält sich luftdicht verschlossen mindestens eine Woche. Da es aber glutenfrei ist und schnell trocken wird, empfehle ich, es zügig aufzuessen.

DINKEL-MOHNSTOLLEN MIT DATTELFÜLLUNG

2 STD.
+ 1 STD. GEHZEIT

Schon als Kind mochte ich Mohnstollen wesentlich lieber als Christstollen. Nur die Rosinen habe ich immer akribisch herausgepickt, was zu mahnenden Blicken meiner Oma geführt hat. Seit ein paar Jahren backe ich meine eigene Version, die komplett mit Datteln gesüßt wird und ohne Rosinen auskommt. Die Füllung macht den Stollen schön saftig und ganz besonders aromatisch.

FÜR EINEN STOLLEN

FÜR DEN HEFETEIG

200 ml (glutenfreie) pflanzliche Milch (ich mag Hafermilch)
20 g frische Hefe
4 EL Dattelsüße oder Kokosblütenzucker
200 g Dinkelmehl Type 630
100 g Dinkelmehl Type 1050
100 g Dinkelvollkornmehl
¼ TL Meer- oder Steinsalz
50 g mildes Kokosöl
3 EL pflanzlicher Joghurt, ich nutze Kokos- oder Mandeljoghurt

FÜR DIE FÜLLUNG

250 g frische, weiche Datteln, entsteint
50 g (glutenfreie) pflanzliche Milch (ich mag Hafermilch)
80 g Marzipanrohmasse (gekauft oder selbst gemacht, siehe Seite 128)
300 g Mohn, gemahlen
Schale von ½ Bio-Zitrone
Schale von ½ Bio-Orange
Mark einer Vanilleschote

Die Hafermilch leicht erwärmen, maximal auf 37 °C. Die Hefe hineinbröseln, 1 EL Dattelsüße dazugeben und verrühren. Den Mix ca. 5 Minuten stehenlassen, bis die Hefe leichte Bläschen bildet.

Die drei Mehlsorten mit dem Salz in einer Schüssel vermengen. Das Kokosöl schmelzen und mit der restlichen Dattelsüße, dem Joghurt und dem Hefe-Mix zum Mehl geben. Alles mit einem Knethaken oder mit den Händen ca. 3–4 Minuten durchkneten. Eventuell mehr Mehl dazugeben, wenn der Teig zu weich scheint.

Den Teig mit einem feuchten Handtuch bedecken und an einem warmen Ort ca. 40 Minuten gehen lassen, bis sich das Volumen verdoppelt hat.

In der Zwischenzeit die Mohnfüllung vorbereiten. Dafür die Datteln entweder mit einem Messer sehr fein zerkleinern und mit den Händen zerdrücken oder in einem Food Processor zerkleinern. Die Hafermilch und das zerstückelte Marzipan dazugeben und kurz weiterpürieren. Nun den gemahlenen Mohn, den Zitronen- und Orangenabrieb sowie das Vanillemark dazugeben und entweder mit den Händen oder im Food Processor gut vermengen.

Den aufgegangenen Stollenteig kurz mit den Händen durchkneten und eventuell mehr Mehl einarbeiten. Ein Backpapier mit Mehl bestäuben und den Teig darauf zu einem Rechteck ausrollen. Er sollte gleichmäßig und nicht zu dünn ausgerollt werden und sollte sich ohne Probleme vom Backpapier trennen lassen. Wenn das nicht der Fall sein sollte, mehr Mehl einarbeiten und noch einmal ausrollen.

Die Mohnmasse zwischen zwei Backpapieren ausrollen und das obere Backpapier abziehen. Das Backpapier mit der Mohnseite nach unten vorsichtig auf den Stollenteig legen und das Papier abziehen. Die Mohnmasse mit den Händen leicht andrücken und anschließend den Teig von hinten nach vorne vorsichtig aufrollen. Den Stollen mit dem Backpapier diagonal auf ein Backblech legen, weil er recht groß wird.

Noch einmal 20 Minuten ruhen lassen und den Backofen währenddessen auf 180 °C Ober- und Unterhitze (160 °C Umluft) vorheizen.

Den Stollen auf mittlerer Schiene ca. 45–50 Minuten backen. Auskühlen lassen und dann anschneiden. Der Mohnstollen hält sich luftdicht verschlossen einige Wochen, er sollte aber nicht im Kühlschrank gelagert werden, da er dort austrocknet.

TIPP

Der Mohnstollen kann natürlich auch komplett in der Vollkornvariante gebacken werden, jedoch mag ich es etwas heller an Weihnachten lieber. Für die Fast-Vollkornvariante nehme ich 200 g Vollkorndinkelmehl und 200 g Dinkelmehl Type 1050. Sollte der Teig zu trocken sein, muss ggf. etwas mehr Hafermilch zum Teig gegeben werden. Mit höherem Vollkornanteil wird der Stollen aber wesentlich trockener.

GLUTENFREIE VARIANTE

Am besten nutzt man hier eine gekaufte glutenfreie Backmischung mit einem hohen Stärkeanteil. Dann erst einmal 100 ml lauwarme, glutenfreie Pflanzenmilch mit 1 Packung Trockenhefe (Hefewürfel sind meist nicht glutenfrei) und 1 EL Dattelsüße vermengen und 10 Minuten stehen lassen, bis es anfängt zu blubbern. Dann erst die restliche Milch und die anderen Zutaten hinzufügen und wie oben beschrieben weitermachen. Meine Favoriten für gekaufte, glutenfreie Backmischungen findet ihr auf Seite 126 oder ihr erhöht den Anteil der Maisstärke der selbst gemachten Mehlmischung von Seite 129 auf 100 g und reduziert das Buchweizenmehl auf 50 g.

HIMMLISCH FÜR KÖRPER UND SEELE, WEIL …

… die sonst sehr süße Mohnfüllung in diesem Stollen lediglich mit Datteln gesüßt wird. Die Datteln sorgen gleichzeitig für eine gewisse Saftigkeit, sodass der Stollen auch nach einigen Tagen nicht zu trocken schmeckt. Datteln enthalten neben Ballaststoffen auch Kalium und Magnesium, weshalb sie gut für unser Herz sind. Noch ein Grund mehr, sich diesen Stollen zu gönnen.

1 STD.
+ 90 MIN. GEHZEIT

SCHWEDISCHE ZIMTKNOTEN

Nicht nur bei meiner Einrichtung, auch in der Küche lasse ich mich gerne von den Schweden inspirieren. So auch bei diesen Zimtknoten, die nicht nur optisch viel hermachen, sondern auch direkt eine gemütliche Atmosphäre in der Wohnung oder im Haus kreieren. Sobald der Duft die Räume erfüllt, kommen sicher alle aus ihren Zimmern und wollen einen Knoten abhaben.

FÜR 12 ZIMTKNOTEN

FÜR DEN HEFETEIG

230 ml pflanzliche Milch (z. B. Mandel- oder Hafermilch)
3 EL Kokosblütenzucker
20 g frische Hefe
250 g Dinkelmehl Type 1050
150 g Dinkelvollkornmehl
¼ TL Meer- oder Steinsalz
½ TL gemahlener Kardamom
20 g natives oder mildes Kokosöl, streichfähig auf Zimmertemperatur
50 g pflanzlicher Joghurt (z. B. Kokos- oder Mandeljoghurt)
Mandelkerne zum Dekorieren

FÜR DIE FÜLLUNG

40 g Kokosblütenzucker
60 g mildes Kokosöl, streichfähig auf Zimmertemperatur
1 EL Zimt

Die pflanzliche Milch lauwarm erwärmen (max. 37 °C), mit 1 EL Kokosblütenzucker und der zerbröselten Hefe vermengen und den Mix für 5 Minuten stehen lassen.

Die beiden Mehlsorten mit dem restlichen Kokosblütenzucker sowie dem Salz und dem Kardamom vermengen. Den Hefemix, das Kokosöl und den Joghurt dazugeben und ca. 3–4 Minuten mit dem Knethaken, in einer Küchenmaschine oder mit den Händen zu einem geschmeidigen Teig verkneten. Den Teig in eine bemehlte Schüssel geben, mit einem Küchentuch abdecken und ca. 1 Stunde an einem warmen Ort gehen lassen, bis sich das Volumen verdoppelt hat.

Den Teig auf einer gut bemehlten Fläche oder auf einem Backpapier rechteckig ausrollen. Sollte er sehr klebrig sein, dann mehr Mehl einarbeiten und erneut ausrollen. Die lange Seite sollte zur Tischunterkante zeigen.

Alle Zutaten für die Füllung mit einem Handrührgerät miteinander vermengen. Sollte das Kokosöl zu flüssig sein, den Mix kurz in den Kühlschrank stellen. Es sollte sich mit einem Löffel gut verstreichen lassen.

Den Teig mit der Füllung bestreichen und von links etwa zu einem Drittel zuklappen. Dann den Teig von der rechten Seite in die Mitte umklappen, sodass man nun drei Schichten übereinander hat. Mit dem Nudelholz noch einmal sanft über den Teig rollen, sodass sich die Schichten vermischen. Den Teig in ca. 2 cm lange Streifen schneiden. Das geht am besten mit einem Pizzamesser.

Die Enden der Streifen mit beiden Händen festhalten und wie eine Kordel eindrehen. Die Kordeln entweder schneckenförmig einrollen oder leicht verknoten und die Enden unten zusammendrücken. Die Knoten auf zwei Backbleche verteilen und noch einmal 20–30 Minuten gehen lassen.

In der Zwischenzeit den Backofen auf 170 °C Umluft (190 °C Ober- und Unterhitze) vorheizen. Die Knoten ca. 20–25 Minuten backen, bis sie goldbraun sind. Sie schmecken am besten warm, sind aber auch am nächsten Tag noch sehr lecker.

GLUTENFREIE VARIANTE

Am besten nutzt man hier eine gekaufte, glutenfreie Backmischung mit einem hohen Stärkeanteil. Dann erst einmal 100 ml lauwarme, glutenfreie Pflanzenmilch mit 1 Packung Trockenhefe (Hefewürfel sind meist nicht glutenfrei) und 1 EL Kokosblütenzucker vermengen und 10 Minuten stehen lassen, bis es anfängt zu blubbern. Dann erst das Mehl und die anderen Zutaten hinzufügen und wie oben beschrieben weitermachen. Meine Favoriten für gekaufte, glutenfreie Backmischungen findet ihr auf Seite 126 oder ihr erhöht den Anteil der Mais- oder Kartoffelstärke bei der selbst gemachten Mehlmischung von Seite 129 auf 100 g und reduziert das Buchweizenmehl auf 50 g.

TIPP

Ich habe diese Knoten auch mit 100 % Dinkelvollkornmehl gebacken und mir waren sie damit zu trocken. Dinkelmehl Type 1050 enthält bereits wesentlich mehr Nährstoffe als Weizenmehl und macht diese Zimtknoten viel fluffiger und angenehmer im Mund als die Vollkornvariante.

TIPP

Es ist möglich, das Haus anstatt mit normalen Puderzucker mit Birkenpuderzucker zu verzieren. Da dieser in großen Mengen jedoch abführend wirken kann, empfehle ich hier lieber auf normalen Puderzucker zurückzugreifen. Im Bioladen gibt es ebenfalls Puderzucker aus Roh-Rohrzucker, doch wird dieser als Zuckerguss leider bräunlich. Zuckerfrei ist das dekorierte Lebkuchenhaus also nicht, doch das ist völlig okay. Wer wirklich komplett zuckerfrei dekorieren möchte, kann es z. B. mit der weißen Schokolade von Seite 113 probieren. Sie hält allerdings nicht so gut wie Zuckerguss.

1 STD.
+ VERZIERUNG

LEBKUCHENHAUS

Was gibt es Schöneres als gemeinsam mit seinen Liebsten ein Lebkuchenhaus zu bauen? Bei der Verzierung dieses Hauses habe ich mich an meinen Vorräten bedient, weshalb es nur mit Nüssen, Ölsaaten und Trockenfrüchten dekoriert wurde. Honig sorgt in diesem Fall für einen saftigeren Teig, mit dem Rezept auf Seite 25 könnt ihr auch ein veganes Lebkuchenhaus backen.

FÜR 1 HAUS

120 ml Albaöl (Rapsöl mit Buttergeschmack) oder geschmolzenes Kokosöl
160 g Honig
75 g Melasse (oder Zuckerrübensirup)
115 ml (glutenfreie) pflanzliche Milch, ich mag Hafermilch
50 g Apfelmark
400 g Dinkelmehl Type 1050 (oder glutenfreie Mehlmischung)
200 g Dinkelvollkornmehl (oder glutenfreie Mehlmischung)
150 g gemahlene Mandeln (oder Haselnüsse)
30 g Kakaopulver
4 EL Lebkuchengewürz
2 TL Weinstein-Backpulver
1 Prise Meer- oder Steinsalz

AUßERDEM

Lebkuchenhausschablonen (siehe Seite 134)
Birkenpuderzucker oder normaler Puderzucker
Zitronensaft (optional)
Trockenfrüchte und Nüsse zum Dekorieren

Die Schablonen für das Lebkuchenhaus ausschneiden und bereitlegen. Da der Teig recht schwer ist, empfehle ich, ihn in zwei oder drei Teilen anzurühren. Das Öl mit dem Honig, der Melasse, der pflanzlichen Milch und dem Apfelmark verquirlen. In einer zweiten Schüssel die beiden Mehlsorten mit den gemahlenen Mandeln, dem Kakaopulver, dem Lebkuchengewürz, dem Backpulver und dem Salz klümpchenfrei vermengen.

Die nassen zu den trockenen Zutaten geben und erst mit einem Holzlöffel, dann mit den Händen gut verkneten. Den Backofen auf 160 °C Umluft vorheizen (Ober- und Unterhitze empfehle ich hier nicht).

Den Teig in drei Teile teilen und jeweils rechteckig auf drei Backpapieren ca. 0,5 cm dick ausrollen. Den Teig für die beiden Dachteile etwas dünner ausrollen als den Rest, damit das Dach nicht zu schwer wird. Die Schablonen auf den Teig legen, um sicherzugehen, dass es beim späteren Ausschneiden passt. Achtung: An dieser Stelle noch nicht ausschneiden. Die Backpapiere auf drei Bleche ziehen und die Teige nacheinander im Abstand von 5 Minuten in den Ofen schieben und jeweils ca. 30 Minuten backen. Sobald das erste Blech fertig gebacken ist, direkt die Schablonen anlegen und ausschneiden, während der Teig noch warm ist. Genauso mit dem restlichen Teig verfahren.

Die Hausteile auf einem Kühlrost erkalten lassen und am nächsten Tag nach Lust und Laune verzieren. Für den Zuckerguss den (Birken-)Puderzucker nach und nach mit Tröpfchen aus Wasser oder Zitronensaft verrühren, bis eine klebrige Masse entsteht. Zum Zusammenbauen des Hauses sollte der Zuckerguss sehr dickflüssig sein. Das Dach bitte erst verzieren, wenn es bereits angeklebt wurde, da es verziert zu schwer werden kann. Das Haus hält sich mindestens 4 Wochen.

1 STD.

HYGGELIGE KÜRBIS-MUFFINS

So schön die Weihnachtszeit auch sein mag, häufig ist sie auch mit Stress verbunden. Deswegen kommt hier eine kleine Erinnerung, sich zwischendurch auch mal Zeit für sich selbst zu nehmen. Mit einem leckeren Tee und diesen würzigen Muffins gelingt das vielleicht.

FÜR 9 MUFFINS

2 EL geschrotete Leinsamen
4 EL Wasser
30 g Apfelmark
80 g mildes Olivenöl
225 g Kürbispüree (Rezept Seite 128)
100 g Dattelsüße
100 g (glutenfreie) pflanzliche Milch nach Wahl
1 TL Apfelessig
1 TL Bio-Zitronenschale
100 g Mineralwasser mit Kohlensäure
200 g Dinkelvollkornmehl (oder glutenfreie Mehlmischung)
50 g gemahlene Mandeln
2 TL Weinstein-Backpulver
¼ TL Natron
¼ TL Meer- oder Steinsalz
2 TL Zimt
2 TL Spekulatiusgewürz
50 g gehackte Walnüsse (optional), mehr zur Deko

Die Leinsamen erst mit dem Wasser vermengen und andicken lassen. Dann das Apfelmark dazugeben und gute 10 Minuten weiterquellen lassen. Den Backofen auf 180 °C Ober- und Unterhitze (160 °C Umluft) vorheizen und neun Muffinmulden entweder gut einfetten oder mit Förmchen oder Backpapierzuschnitten auslegen.

Das Olivenöl mit dem Kürbispüree, dem Leinsamen-Apfelmark-Mix, der Dattelsüße, der pflanzlichen Milch, dem Apfelessig und der Zitronenschale zu einem Teig vermengen. Das Mineralwasser kurz, aber sorgfältig unter den Teig heben. In einer zweiten Schüssel alle trockenen Zutaten (außer Walnüsse) gut vermischen.

Die trockenen zu den nassen Zutaten geben und kurz, aber sorgfältig vermengen. Den Teig nicht zu lange rühren. Zum Schluss die gehackten Walnüsse unterheben. Jede Muffinmulde etwa zu zwei Dritteln mit Teig füllen, optional mit ein paar zusätzlichen Walnüssen bestreuen und ca. 30–35 Minuten backen. Die Muffins sind fertig, wenn an einem hineingesteckten Holzstäbchen kein Teig mehr kleben bleibt.

Die Muffins nach dem Backen unbedingt eine Weile stehen lassen. Erst dann werden sie fest und lassen sich gut aus den Förmchen holen.

TIPP

Die Gewürze entfalten erst nach ein paar Stunden ihr volles Aroma. Es ist also ideal, die Muffins morgens zu backen und nachmittags zu essen. Wer nicht vegan lebt, kann die ersten drei Zutaten gegen zwei Eier eintauschen und mit den anderen flüssigen Zutaten im Teig vermengen. Wer mag, gibt noch zusätzlich 50 g gehackte Zartbitterschokolade zum Teig dazu.

TIPP

Im Bioladen gibt es Cranberries, die mit Apfeldicksaft gesüßt sind. Für eine nussfreie Version die Nüsse einfach durch Hafer- oder andere Getreideflocken ersetzen und das Kokosöl z. B. durch Apfelmark ersetzen. Eine Last-Minute-Vanillesauce kann auch aus 400 ml gekaufter Hafersahne, 3 EL Ahornsirup und ¼ TL Vanillepulver angerührt werden.

40 MIN.

BRATÄPFEL MIT VANILLESAUCE

Bei uns im Norden ist Schnee selten geworden, doch letzten Winter konnten wir auch in Lüneburg endlich wieder Schlittenfahren. Diese Bratäpfel haben uns nach Stunden im Schnee wieder aufgewärmt. Die Füllung lässt sich je nach Geschmack anpassen, sodass auch eine nussfreie Version möglich ist.

FÜR 4 PORTIONEN

FÜR DIE ÄPFEL

2 EL natives oder mildes Kokosöl
60 g gehackte Mandeln oder Haselnüsse
2 EL Rosinen
2 EL getrocknete Cranberries (siehe Tipp)
2 EL Ahornsirup
½ TL Zimt
1 TL Lebkuchengewürz
4 säuerliche Äpfel, z. B. Braeburn
2 EL frischer Zitronensaft

FÜR DIE VANILLESAUCE

400 ml (glutenfreie) Hafermilch
2 EL Maisstärke (alternativ Tapioka- oder Pfeilwurzelstärke)
1 EL Cashewmus
3 EL Ahornsirup
¼ TL Vanillepulver
1 Prise Meer- oder Steinsalz

Den Backofen auf 180 °C Ober- und Unterhitze (160 °C Umluft) vorheizen. Das Kokosöl schmelzen. Die gehackten Nüsse mit den Rosinen, den Cranberries, dem Kokosöl, dem Ahornsirup sowie den Gewürzen in eine Schüssel geben und gut vermengen.

Die Äpfel waschen, trocknen, die Deckel abschneiden und diese erst einmal beiseitelegen. Das Kerngehäuse entfernen und die Äpfel von innen mit dem Zitronensaft beträufeln. Jeden Apfel mit der Nussmasse füllen und in eine Auflaufform setzen.

Die Äpfel ca. 25–30 Minuten backen. Nach ca. 10 Minuten die Apfeldeckel aufsetzen und mitbacken.

Währenddessen die Vanillesauce vorbereiten. Dafür die Hafermilch mit der Maisstärke, dem Cashewmus, dem Ahornsirup, dem Vanillepulver und dem Salz mit einem Schneebesen verrühren. Die Flüssigkeit in einem Topf einmal aufkochen. Die Hitze reduzieren und unter ständigem Rühren andicken lassen.

Die Bratäpfel direkt warm aus dem Ofen mit der Vanillesauce servieren.

HIMMLISCH FÜR KÖRPER UND SEELE, WEIL …

… warmes Obst für viele Menschen tatsächlich bekömmlicher ist als rohes. Gerade in der TCM oder in der ayurvedischen Ernährungslehre wird warmes Obst bei schwacher Verdauung eher empfohlen als rohe Früchte.

TIPP

Anstatt Äpfeln können auch Birnen verwendet werden. Natürlich ist das Obst kein Muss und kann auch weggelassen werden. Die Größe der Form ist nicht entscheidend. Das Rezept funktioniert auch in einer Springform.

1 STD.

APFEL-GEWÜRZKUCHEN

So gern ich Plätzchen habe, sie kreieren nicht selten ein Chaos in der Küche. Da tut es manchmal gut, einfach alle Zutaten in eine Kuchenform zu geben und somit weniger Stress zu haben. Dieser Gewürzkuchen ist nur mit Datteln gesüßt, steckt voller weihnachtlicher Gewürze und ist schön saftig.

FÜR EINE 25 x 25 CM AUFLAUFFORM

150 g weiche Medjool-Datteln, entsteint
130 ml kochendes Wasser
2 Äpfel
1 Bio-Zitrone (etwas Saft und 1 TL Schalenabrieb)
90 ml mildes Olivenöl oder Albaöl, ggf. mehr zum Einfetten
1 TL Bio-Orangenabrieb
145 ml Mineralwasser mit Kohlensäure
200 g Dinkelmehl Type 1050 (oder glutenfreie Mehlmischung)
50 g Dinkelvollkornmehl (oder glutenfreie Mehlmischung)
30 g gemahlene Mandeln
30 g Kakaopulver
10 g Weinstein-Backpulver
1 Prise Meer- oder Steinsalz
½ TL gemahlener Piment
2 TL gemahlener Zimt
1 TL gemahlener Ingwer
½ TL gemahlene Nelken
1 Prise gemahlene Muskatnuss
Birkenpuderzucker zum Bestäuben (optional)

Die Datteln klein schneiden und in einer Schüssel mit dem kochenden Wasser übergießen. Mindestens 10 Minuten stehen lassen. Die Datteln saugen das Wasser auf, dieses also nicht abgießen. Die Äpfel entkernen und würfeln. Mit etwas Zitronensaft beträufeln und zur Seite stellen. Eine Backform einfetten oder mit Backpapier auslegen (ich empfehle Letzteres).

Die Datteln und das Einweichwasser mithilfe einer Gabel zu einer Paste pürieren. Alternativ im Zerkleinerer pürieren. Die Dattelpaste mit dem Öl und dem Zitronen- und Orangenabrieb in eine Rührschüssel geben und mit einem Handrührgerät oder einem Schneebesen gut verquirlen. Schnell, aber sorgfältig das Mineralwasser dazugeben und nicht zu lange rühren.

Den Backofen auf 180 °C Ober- und Unterhitze (160 °C Umluft) vorheizen. In einer zweiten Schüssel beide Mehlsorten, die gemahlenen Mandeln, das Kakaopulver, das Backpulver, das Salz und die Gewürze vermengen. Die trockenen zu den nassen Zutaten geben und verrühren. Zum Schluss die Apfelstücke kurz unter den Teig heben.

Den Teig in die Backform geben und mithilfe eines Spatels verteilen. Den Kuchen 40–45 Minuten backen. Er ist fertig, wenn an einem hineingesteckten Holzstäbchen kein Teig mehr kleben bleibt. Den Kuchen optional mit Birkenpuderzucker bestreuen und am besten noch warm servieren. Er schmeckt aber auch am nächsten Tag noch.

SCHNELL & EINFACH

5 MIN.

GEFÜLLTE LEBKUCHEN-DATTELN

Dies ist eine Weihnachtsversion meines liebsten Snacks: gefüllte Datteln. Die Idee ist sehr simpel: Man nehme eine Dattel, fülle diese mit Lebkuchengewürz, Nussmus, getrockneten Apfelchips und einer Mandel und schon hat man in weniger als 5 Minuten einen lebkuchenähnlichen Snack gezaubert.

FÜR 5 DATTELN

5 Medjool-Datteln
1 TL Lebkuchengewürz (Seite 128)
5 TL Mandelmus
5 getrocknete Apfelchips, ungesüßt
5 Mandeln
ca. 20 g (vegane) Zartbitterschokolade (mindestens 70 % Kakaoanteil)
grobes Meersalz

Die Datteln entkernen und in jede Dattel ein wenig Lebkuchengewürz hineinstreuen.

Jede Dattel mit jeweils 1 TL Mandelmus, einem getrockneten Apfelchip, einer Mandel und einem kleinen Stück Schokolade füllen und mit grobem Salz bestreuen.

Die Datteln sofort genießen. Sie halten sich aber auch einige Tage luftdicht verschlossen.

TIPP

Bei dieser Art Rezepte sind die Mengenangaben nicht so genau zu nehmen. Jede Dattel ist anders, deswegen passt mal mehr, mal weniger hinein. Werdet hier einfach kreativ und habt Spaß an der Kombination der Zutaten.

HIMMLISCH FÜR KÖRPER UND SEELE, WEIL …

… Datteln ein nährstoffreicher Energielieferant sind. Neben Kalium und Magnesium enthalten sie Eisen, Phosphor, Kalzium und die Aminosäure Tryptophan. Letztere wird von unserem Körper in das nervenberuhigende Hormon Melatonin umgewandelt. Datteln werden deshalb auch bei Schlaflosigkeit empfohlen. Natürlich sind Datteln aber Süßigkeiten und sollten auch als solche verzehrt werden.

15 MIN.

WEIHNACHTLICHE ENERGY BALLS

Energy Balls sind wirklich ein gesunder Snack für zwischendurch. Der Mix aus Ballaststoffen, Fetten und natürlichem Zucker der Datteln gibt uns lang anhaltende Kraft. Die Bällchen verhindern auch die typischen Energietiefs, in die man häufig nach normalen Schokoriegeln oder Süßigkeiten fällt. Die Bratapfel-Bällchen schmecken sehr weihnachtlich, die Winterenergie-Bällchen sind reich an Omega-3-Fettsäuren und Eisen und die Zimtsterne-Bällchen lassen sich sogar zu rohen Zimtsternen ausstechen.

FÜR JEWEILS 12 BÄLLCHEN

BRATAPFEL-BÄLLCHEN

80 g geröstete Mandeln
50 g getrocknete Apfelchips, ungesüßt
200 g Datteln, entsteint
1–2 TL Lebkuchengewürz (Seite 128)
etwas geriebene Bio-Orangenschale
2 EL Kakaopulver
1 Prise Meer- oder Steinsalz

WINTERENERGIE-BÄLLCHEN

80 g Walnüsse
200 g Datteln, entsteint
20 g Kürbiskerne, mehr zur Deko
1 Prise Kardamom
1 Prise Tonkabohne (optional)
1 Prise Meer- oder Steinsalz
2 EL Kakaopulver

ZIMTSTERNE-BÄLLCHEN

100 g geröstete Haselnüsse
200 g Datteln, entsteint
2 TL Zimt
1 Prise Meer- oder Steinsalz
etwas geriebene Bio-Orangenschale
2 EL Haselnuss- oder Mandelmus

Die Anleitung ist für Energy Balls immer gleich. Zuerst die Nüsse (und z. B. Apfelchips bei den Bratapfel-Bällchen) im Zerkleinerer grob zerhacken. Alternativ funktioniert das natürlich auch mit einem Messer.

Die Nüsse umfüllen und die entsteinten Datteln in den Zerkleinerer geben und pulsieren, bis sie fein zerhackt sind. Nicht zu lange, sonst werden sie zu Mus. Nüsse, Gewürze, Salz, ggf. Kakaopulver und Nussmus dazugeben und alles zusammen zerkleinern. Alternativ die Datteln per Hand klein hacken und alle Zutaten mit den Händen zu einem homogenen Teig verkneten.

Aus dem Teig kleine Bällchen rollen. Die Winterenergie-Bällchen anschließend noch in gehackten Kürbiskernen wälzen. Alle Energy Balls halten sich luftdicht verschlossen mehrere Wochen.

5 MIN.
+ 30 MIN. KÜHLZEIT

MARZIPANKARTOFFELN

An Marzipan scheiden sich bekanntlich die Geister. Da meine Oma ursprünglich aus Lübeck kommt, habe ich es früh lieben gelernt. Diese Marzipankartoffeln schmecken natürlich nicht wie das Niederecker Original, aber dennoch überraschend gut. Sie wollen also nicht imitieren, sondern ihre ganz eigene Weihnachtstradition schaffen.

FÜR CA. 16 STÜCK

150 g gemahlene blanchierte Mandeln, ggf. mehr
1 EL helles Mandelmus
100 g Reissirup (oder Honig)
3–4 Tropfen Bittermandelaroma
2–3 EL Kakaopulver

Alle Zutaten bis auf das Kakaopulver miteinander vermengen. Den Teig mit den Händen zu einer geschmeidigen Marzipanmasse verkneten und zu einer Rolle formen. Sollte der Teig zu nass und klebrig sein, ggf. noch etwas mehr gemahlene Mandeln einkneten.

Das Marzipan in ein Wachstuch oder Backpapier wickeln und ca. 30 Minuten in den Kühlschrank geben. Anschließend das Marzipan zu kleinen Kugeln formen und in dem Kakaopulver wälzen. Die Kugeln halten sich einige Wochen im Kühlschrank luftdicht verschlossen.

TIPP

Das Rezept funktioniert natürlich auch mit ungeschälten, gemahlenen Mandeln. Dann wird die Konsistenz nur nicht so fein. Das Bittermandelaroma ist meiner Meinung nach sehr wichtig für den Geschmack und sollte nicht weggelassen werden. Man bekommt es in der Weihnachtszeit in den meisten Backabteilungen im Supermarkt. Mit Honig gelingt das Rezept auch, ist dann aber nicht vegan.

HIMMLISCH FÜR KÖRPER UND SEELE, WEIL …

… gekauftes Marzipan viel Zucker und manchmal auch Zusatzstoffe enthält. Diese Marzipankartoffeln schmecken natürlich nicht wie gekaufte, da sie weniger süß und milder im Geschmack sind. Durch den Reissirup sind sie auch für Menschen mit Fruktoseintoleranz geeignet, die gekauftes Marzipan sonst nicht genießen können.

30 MIN.
+ AUSKÜHLZEIT

HASELNUSS-PRALINEN

Diese kleinen Leckereien erinnern optisch an eine berühmte Schokopraline, die sonst in goldenes Papier eingewickelt ist. Meine Variante verursacht wesentlich weniger Müll und schmeckt mir dabei auch noch viel besser. Etwas gesünder ist sie auch, wobei man diese Bällchen schon als Praline betrachten und in Maßen verzehren sollte.

FÜR CA. 15 TRÜFFEL

ca. 15 ganze Haselnüsse
150 g Datteln, entsteint
50 g Mandelmus (oder Haselnussmus)
3 EL Kakaopulver
50 g gemahlene Haselnüsse oder Mandeln
1 Prise Meer- oder Steinsalz

FÜR DIE GLASUR

120 g (vegane) Zartbitterschokolade, (mindestens 70 % Kakaoanteil)
50 g gehackte Haselnüsse

Die ganzen Haselnüsse in einer Pfanne ohne Fett ca. 5 Minuten rösten, bis sich die Schale zu lösen beginnt. Die Nüsse direkt in ein Küchentuch geben und die Schale darin abreiben. Die Nüsse zur Seite stellen.

Die Datteln zusammen mit dem Mandelmus, dem Kakaopulver, den gemahlenen Haselnüssen oder Mandeln sowie einer guten Prise Salz in einen Food Processor geben. Alternativ alle Zutaten mit einem Messer fein hacken und mit den Händen zu einem klebrigen Teig vermengen. Aus dem Teig ca. 15 Bällchen rollen, jeweils zum Schluss eine ganze Haselnuss hineindrücken und noch einmal zu einem Ball formen.

Die Schokolade über dem Wasserbad schmelzen. Jedes Bällchen in die Schokolade tauchen und mit gehackten Haselnüssen dekorieren.

Die Pralinen auf ein mit Backpapier ausgelegtes Blech oder einen Teller geben und kurz erkalten lassen. Anschließend für einige Minuten in den Kühlschrank stellen, damit die Glasur richtig fest wird. Die Pralinen halten sich luftdicht verschlossen einige Wochen.

HIMMLISCH FÜR KÖRPER UND SEELE, WEIL ...

... Haselnüsse, ebenso wie Mandeln, über ein großes Nährstoffspektrum verfügen. Laut einer Studie der Oregon State University kann der tägliche Verzehr von einer Handvoll Haselnüssen (ca. 60 g) die Magnesium- und Vitamin-E-Werte merklich verbessern. Ein regelmäßiger Verzehr von Haselnüssen wirkt sich ebenfalls positiv auf den Blutzucker- und den Cholesterinspiegel aus.

30 MIN.

ZITRONIGES SHORTBREAD

Dieses traditionelle schottische Gebäck erinnert geschmacklich leicht an Heidesand. Es ist flott gemacht und schmeckt natürlich auch außerhalb der Weihnachtszeit.

FÜR 16 STÜCK

30 g natives oder mildes Kokosöl
100 g (glutenfreies) Hafermehl
100 g gemahlene Mandeln
1 Prise Meer- oder Steinsalz
30 g Cashewmus
40 ml Ahornsirup
1 TL Zitronenschale

Den Backofen auf 180 °C Ober- und Unterhitze (160 °C Umluft) vorheizen. Das Kokosöl schmelzen. Das Hafermehl mit den Mandeln und dem Salz vermengen. In einer zweiten Schüssel das Cashewmus mit dem Kokosöl, dem Ahornsirup und der Zitronenschale mit einem Schneebesen verrühren.

Die flüssigen zu den trockenen Zutaten geben und zu einem homogenen Teig verkneten. Eine Backform (20 × 20 cm) mit Backpapier auslegen und den Teig ca. 1 cm dick in die Backform drücken. Mit einer Kuchengabel im typischen Shortbreadmuster hineinstechen.

Den Teig ca. 15–20 Minuten backen und danach auf einem Kühlrost komplett auskühlen lassen. Anschließend in ca. 16 längliche Balken schneiden. Das Shortbread hält sich in einer Keksdose ca. drei Wochen.

TIPP

Original Shortbread lebt natürlich von der ordentlichen Buttermenge. Wer dem Original näher zusammen kommen will als ich, kann das Cashewmus und das Kokosöl durch 60 g (vegane) Butter ersetzen.

30 MIN.
+ AUSKÜHLZEIT

KOKOS-HASELNUSS-MAKRONEN

Nur fünf Zutaten benötigt ihr, um diese saftigen Kokos-Makronen zu zaubern. Sie schmecken natürlich anders als die traditionelle Variante mit Eiweiß, doch anders heißt in diesem Fall eher besonders gut.

FÜR CA. 18 STÜCK

200 g Kokosflocken
20 g natives Kokosöl, streichfähig auf Zimmertemperatur
80 g gemahlene Haselnüsse
60 ml Ahornsirup
1 Prise Meer- oder Steinsalz

AUSSERDEM

ca. 75 g (vegane) Zartbitterschokolade (mindestens 70 % Kakaoanteil)

Alle Zutaten in einen Food Processor (Zerkleinerer) geben und kurz, aber sorgfältig vermengen. Es sollten immer noch Kokosflocken zu sehen sein. Auf keinen Fall zu lange mixen, denn dann entsteht Kokosbutter; das ist dann ein Schritt zu viel. Der Teig sollte sich mit den Händen gut formen lassen.

Aus dem Teig ca. 18 Kugeln formen. Diese auf ein mit Backpapier ausgelegtes Backblech legen und mit den Händen leicht andrücken. Die Makronen 10–12 Minuten backen und komplett abkühlen lassen.

Optional können die Makronen noch mit Zartbitterschokolade dekoriert werden. Dafür die Schokolade über dem Wasserbad schmelzen. Jede Makrone mit dem unteren Rand in die Schokolade tauchen und gerne noch mit etwas Schokolade von oben verzieren. Die Kokos-Makronen halten sich in einer Keksdose ca. 3 Wochen.

HIMMLISCH FÜR KÖRPER UND SEELE, WEIL ...

... Kokosflocken reich an mittelkettigen Fettsäuren sind, die der Körper besonders einfach und schnell verdauen kann. Der hohe Ballaststoffanteil unterstützt die Verdauung ebenfalls und führt zu einer lang anhaltenden Sättigung.

30 MIN.

ROHE PLÄTZCHENTEIG-KUGELN

Dieses Rezept ist für alle, die mit Leidenschaft rohen Plätzchenteig naschen, aber keine Lust aufs Ausstechen haben. Die Zutaten werden einfach zu Kugeln gerollt und fertig ist der rohe Plätzchenteig.

FÜR CA. 15 KUGELN

200 g Cashewkerne
50 g (glutenfreie) Haferflocken
1 Prise Meer- oder Steinsalz
¼ TL Vanillepulver
1 EL geschmolzenes Kokosöl
30 g Ahorn- oder Reissirup
3 EL gehackte (vegane) Zartbitterschokolade (mindestens 70 % Kakaoanteil)

Den Ofen auf 180 °C Ober- und Unterhitze (160 °C Umluft) vorheizen. Die Cashewkerne darin für ca. 6–8 Minuten goldbraun rösten. Zur Seite stellen und komplett abkühlen lassen.

Die abgekühlten Cashewkerne zusammen mit den Haferflocken in einen Food Processor (Zerkleinerer) geben und zu einem feinen Mehl mahlen, nicht zu lange, sonst entsteht Mus. Das Salz, das Vanillepulver, das Kokosöl und den Ahornsirup dazugeben und gut vermengen, bis eine homogene Masse entstanden ist. Sie sollte recht feucht sein und fast schon die Konsistenz von Cashewmus haben.

Den Teig in eine Schüssel umfüllen, die gehackte Schokolade dazugeben und unterheben. Mit den Händen ca. 15 Kugeln formen und mindestens 15 Minuten zum Setzen in den Kühlschrank geben. Luftdicht verschlossen halten sich die Kugeln im Kühlschrank mehrere Wochen.

HIMMLISCH FÜR KÖRPER UND SEELE, WEIL …

… dieser rohe Plätzchenteig nicht zu Bauchschmerzen führt. Durch die Haferflocken und die Cashewkerne ist er reich an Ballaststoffen und guten Fetten, die verhindern, dass der Blutzuckerspiegel beim Snacken zu schnell an- und wieder absteigt. Somit halten diese Kugeln länger satt und verhindern Energietiefs.

30 MIN.

GETREIDEFREIE WALNUSSPLÄTZCHEN

Walnüsse wachsen quasi vor der Haustür und verfügen deshalb über eine sehr gute Klimabilanz. Diesen kleinen Häppchen verleihen sie nicht nur ein unverwechselbares Aroma, sondern auch wertvolle Nährstoffe.

FÜR 16 STÜCK

1 EL geschrotete Leinsamen
2 EL Wasser
100 g Mandelmehl
1 TL Weinstein-Backpulver
1 Prise Meer- oder Steinsalz
70 g natives Kokosöl
60 g Kokosblütenzucker
50 g gehackte Walnüsse
ca. 16 Walnusshälften zur Deko

Die Leinsamen mit dem Wasser vermengen und zum Andicken zur Seite stellen. Das Mandelmehl mit dem Backpulver und dem Salz vermengen.

Das Kokosöl mit dem Kokosblütenzucker schaumig schlagen und den Leinsamenmix dazugeben. Die Mandelmehlmischung und die gehackten Walnüsse dazugeben und zu einem Teig verkneten.

Den Backofen auf 180 °C Ober- und Unterhitze (160 °C Umluft) vorheizen. Aus dem Teig ca. 16 Kugeln formen und jeweils eine Walnusshälfte hineindrücken. Die Plätzchen auf ein mit Backpapier ausgelegtes Backblech legen und ca. 10–12 Minuten goldbraun backen.

Die Plätzchen komplett abkühlen lassen. Sie halten sich in einer Keksdose bis zu 2 Wochen, schmecken aber frisch am besten.

TIPP

Mandelmehl ist nicht das gleiche wie gemahlene Mandeln. Es ist trockener und weniger ölig als gemahlen Mandeln. Man bekommt es vor allem in Bioläden. Eine Alternative ist (glutenfreies) Hafermehl.

HIMMLISCH FÜR KÖRPER UND SEELE, WEIL ...

... Walnüsse heimische Supernüsse sind. Forscher haben festgestellt, dass sie einen positiven Einfluss auf unsere Hirnleistung haben und das Lernvermögen sowie das Gedächtnis verbessern. Vielleicht ist es also kein Zufall, dass Walnüsse wie kleine Gehirne aussehen.

GESCHENKE AUS DER KÜCHE

20 MIN.
+ AUSKÜHLZEIT

WEIßE BRUCHSCHOKOLADE

Mein Herz schlägt schon immer für weiße Schokolade. Mittlerweile gibt es auch einige gute pflanzliche Alternativen auf dem Markt, doch ist selbst gemacht natürlich immer schöner. In ein hübsches Glas verpackt, ist diese weiße Bruchschokolade eine schöne Aufmerksamkeit, nicht nur im Advent.

FÜR 180 G SCHOKOLADE

30 g blanchierte Mandeln
45 g + 1 EL Reissirup
80 g Kakaobutter
70 g weißes Mandelmus
1 gute Prise Vanillepulver
1 Prise Zimt
1 Prise Meer- oder Steinsalz

Die Mandeln fein hacken. In einer Pfanne ohne Fett erhitzen und ca. 4–5 Minuten goldbraun rösten. 1 EL Reissirup dazugeben und kurz verrühren. Die klebrigen Mandeln auf einen Teller geben und erkalten lassen.

Die Kakaobutter über dem Wasserbad schmelzen. Die restlichen Zutaten dazugeben und klümpchenfrei verrühren.

Die warme Masse in eine mit Backpapier ausgelegte Auflaufform (ca. 25 × 18 cm) gießen. Die erhärteten Mandelstückchen mit den Händen auseinanderbrechen und darüber verteilen. Die Schokolade mindestens 1 Stunde zum Aushärten in den Kühlschrank geben und dann mit den Händen brechen. Die Schokolade hält sich im Kühlschrank einige Wochen.

TIPP

Wer es fruchtig mag, kann dekorativ noch ein wenig Zitronenschale über der trockenen Schokolade verteilen.

HIMMLISCH FÜR KÖRPER UND SEELE, WEIL ...

... helle Schokolade im Vergleich zu normaler Schokolade besonders bei Histaminintoleranz als gut bekömmlich gilt. Da hier kein Kakaopulver verwendet wird, das einen hohen Histamingehalt aufweist, ist dies also auch ein schönes Geschenk für Menschen, die sich histaminarm ernähren müssen.

50 MIN.

WINTER-GRANOLA-CLUSTER

Das Ziel bei diesem Granola sind möglichst große, dicke Stücke. Die Müslimasse wird deshalb im Ganzen gebacken und erst später zerbrochen. Es eignet sich prima als Topping für warmes Porridge oder Joghurt. Meistens verschwindet es aber einfach so von Zauberhand.

FÜR 1 BLECH

50 g Mandelblättchen
50 g Mandeln
200 g (glutenfreie) kernige Haferflocken
50 g Kürbiskerne
20 g geschrotete Leinsamen
1 TL Zimt
1 TL Spekulatiusgewürz
1 Prise Meer- oder Steinsalz
4 EL natives oder mildes Kokosöl
4 EL Dattel- oder Ahornsirup

AUßERDEM

3 Schraubgläser (à 300 ml)

Den Backofen auf 170 °C Ober- und Unterhitze (150 °C Umluft) vorheizen. Die Mandelblättchen und die ganzen Mandeln grob hacken und mit den Haferflocken, den Kürbiskernen, den Leinsamen, den Gewürzen und dem Salz vermengen.

Das Kokosöl schmelzen und den Dattel- oder Ahornsirup unterrühren. Die nassen zu den trockenen Zutaten geben und alles gut vermischen. Den Mix auf ein mit Backpapier ausgelegtes Backblech geben und mit einem Spatel glattstreichen. Anders als bei normalem Granola wird es nicht verteilt.

Das Granola ca. 25 Minuten goldbraun backen und währenddessen nicht dran rütteln, da sich sonst keine großen Stücke formen können.

Komplett auskühlen lassen und mit den Händen in beliebig große Stücke zerbrechen. Das Granola in Glasbehälter füllen. Dort hält es sich luftdicht verschlossen mehrere Monate.

TIPP

Die Menge an Kokosöl und Dattelsirup kann reduziert werden, allerdings kann es dann sein, dass es nicht zu der gewünschten Clusterbildung kommt. Das ist aber nicht schlimm, denn dann wird einfach normales Granola draus.

HIMMLISCH FÜR KÖRPER UND SEELE, WEIL ...

... man bei selbst gemachtem Granola genau entscheiden kann, was drin ist. Gekauftes Müsli oder Granola enthält nicht selten sehr viel raffinierten Zucker oder auch Zutaten, die viele gar nicht mögen, wie z. B. Rosinen.

APFELPUNSCH-GEWÜRZMISCHUNG

50 MIN.

Diese Gewürzmischung duftet nicht nur wunderbar, sie ist auch ein schönes Mitbringsel im Advent. Egal, ob für Glühwein oder Apfelpunsch, so holt man sich das Gefühl vom Weihnachtsmarkt direkt ins gemütliche Zuhause.

FÜR 2 GLÄSER

2 Bio-Orangen
2 Bio-Zitronen
8 Zimtstangen
6 Sternanis
2 Vanilleschoten
30 ganze Nelken
2 EL getrocknete Cranberries, mit Apfeldicksaft gesüßt

FÜR DEN PUNSCH

naturtrüber, reiner Apfelsaft

Die Schalen der Orangen und Zitronen mit einem Sparschäler abnehmen und ggf. mit einem Messer noch kleiner schneiden. Den Backofen auf 120 °C Ober- und Unterhitze (100 °C Umluft) vorheizen.

Die Zesten für ca. 30–35 Minuten backen. Die Zimtstangen und den Sternanis in kleine Stücke brechen. Die Vanilleschoten in kleine Stücke schneiden.

Die abgekühlten Zesten mit den restlichen Zutaten in kleine Gläser füllen und mit folgendem Hinweis versehen: Pro Liter Apfelsaft 2 EL der Gewürzmischung in den Topf geben und ca. 10 Minuten auf niedriger Stufe erwärmen. Luftdicht verschlossen hält sich die Gewürzmischung einige Wochen.

TIPP

Besonders gut schmeckt die Gewürzmischung auch in einem Apfel-Holunder-Punsch. Dafür einfach naturtrüben Apfelsaft mit purem, ungesüßten Holunderbeersaft mischen und mit den Gewürzen ziehen lassen. Diese Version ist auch etwas weniger süß als purer Apfelpunsch.

HIMMLISCH FÜR KÖRPER UND SEELE, WEIL ...

... gekaufte Glühweingewürzmischungen teilweise sehr viel Zucker enthalten. Bei dieser Mischung könnt ihr selbst entscheiden, ob und wie viel Zucker zu eurem Weihnachtsgetränk hinzugefügt werden soll.

PISTAZIEN-PRALINEN MIT WEIẞER SCHOKOLADE

30 MIN.
+ 1 STD. KÜHLZEIT

Dies ist mein absolutes Lieblingsrezept in diesem Buch. Die Kombination von Pistazien, Cashewmus, Vanille und weißer Schokolade ist wirklich unschlagbar. Dadurch schmecken die Pralinen sehr fein und fast schon luxuriös - ein schönes Geschenk für euch selbst und eure Liebsten.

FÜR 18 STÜCK

100 g Pistazien
20 g (glutenfreies) Hafermehl
1 Prise Meer- oder Steinsalz
120 g kaltes Cashewmus
40 ml Ahornsirup
¼ TL Vanillepulver
140 g (vegane) weiße Schokolade (gekauft oder selbst gemacht, siehe Seite 113)
10 g Kakaobutter

Die Pistazien in einem Mixer sehr fein mahlen. 1 TL der Pistazien zur Seite stellen und den Rest mit dem Hafermehl und dem Salz vermengen. Das Cashewmus mit dem Ahornsirup und der Vanille mit einem Schneebesen verquirlen. Die trockenen Zutaten dazugeben und zu einem Teig vermengen. Den Teig ca. 1 Stunde in den Kühlschrank geben.

Anschließend 14 Kugeln aus dem Teig formen und noch einmal zurück in den Kühlschrank stellen. In der Zwischenzeit die weiße Schokolade über dem Wasserbad auf sehr niedriger Temperatur schmelzen. Die Kakaobutter unterrühren.

Jede Kugel in der Schokolade wälzen und mit ein paar gemahlenen Pistazien verzieren. Die Pralinen auf einem Küchenrost im Kühlschrank erkalten lassen. Sie halten sich in einer Dose oder in einem Glas im Kühlschrank mehrere Wochen.

TIPP

Diese Pralinen gelingen am besten mit gekaufter weißer Schokolade. Ich empfehle die vegane weiße Schokolade der Marke iChoc (gibt es im Bioladen). Solltet ihr keine Kakaobutter finden, ist es möglich sie wegzulassen. Sie macht die Schokoladenglasur nur etwas geschmeidiger.

HIMMLISCH FÜR KÖRPER UND SEELE, WEIL ...

... Pistazien so viel Vitamin B6 enthalten wie fast kein anderes Lebensmittel. Vitamin B6 wird im Körper u. a. für die Regulierung des Blutzuckerspiegels und für die Bildung von Hämoglobin benötigt. Die hübschen Kerne sind ebenfalls reich an Kalium, ein lebenswichtiger Mineralstoff, der den Blutdruck reguliert und der mitverantwortlich für die Aufrechterhaltung des Säure-Basen-Haushaltes ist.

WEIHNACHTLICHER VANILLEKIPFERL-AUFSTRICH

10 MIN.

Meine Nachbarin Lucie hat mir beim Testen einiger Rezepte geholfen und stand irgendwann mit dieser Kreation vor der Tür. Sie hatte das Vanillekipferl-Rezept von Seite 40 einfach zu einem Aufstrich abgewandelt. Perfekt für ein weihnachtliches Frühstück.

FÜR 140 G

80 g Cashewmus
30 g natives Kokosöl, streichfest auf Zimmertemperatur
30 g Ahornsirup
¼ TL Zimt
½ TL Spekulatiusgewürz
1 gute Prise Vanillepulver
1 Prise Meer- oder Steinsalz

AUßERDEM

2 kleine Gläser (à 70 ml)

Alle Zutaten in eine Schüssel geben und entweder mit einem Handrührgerät oder einem Schneebesen gut verrühren. Auf die Gläser aufteilen und verschließen. Die Creme sollte im Kühlschrank aufbewahrt werden, wo sie mindestens 4 Wochen haltbar ist.

HIMMLISCH FÜR KÖRPER UND SEELE, WEIL ...

... Cashewkerne äußerst reich an Vitalstoffen sind. Sie sind eine sehr gute Eiweißquelle und enthalten u. a. die Aminosäure L-Tryptophan. Aus dieser stellt der Körper das Glückshormon Serotonin her. So hebt diese Creme nicht nur durch den guten Geschmack die Laune.

30 MIN.
+ 30 MIN. KÜHLZEIT

HERZHAFTE PLÄTZCHEN-CRACKER

Wenn euch nach all den süßen Plätzchen nach etwas Herzhaftem ist, kommt hier ein einfaches, aber superleckeres Rezept für Cracker. Mit etwas Hummus oder leckeren Dips sind sie eine schöne Abwechslung zu den süßen Leckereien in diesem Buch.

FÜR 2 BLECHE

150 g Dinkelmehl Type 1050
(oder glutenfreie Mehlmischung)
1 EL Mohn
2 EL (glutenfreie) Hefeflocken
1 TL getrockneter Rosmarin
1 TL Meer- oder Steinsalz
30 g vegane Butter oder Kokosöl
2 EL Olivenöl
150 ml kaltes Wasser

Das Mehl mit dem Mohn, den Hefeflocken, dem Rosmarin und dem Salz vermengen. Die vegane Butter oder das Kokosöl dazugeben und mit den Händen gut verkneten. Das Olivenöl und das Wasser dazugeben und weiter gut durchkneten. Sollte der Teig zu klebrig sein, etwas mehr Mehl dazugeben.

Den Teig abgedeckt für 30 Minuten in den Kühlschrank geben.
Den Backofen auf 220 °C Ober- und Unterhitze (200 °C Umluft) vorheizen.

Eine Fläche gut bemehlen und den Teig in vier Teile teilen. Den ersten Teil ganz dünn ausrollen und nach Belieben ausstechen. Die Plätzchen auf ein mit Backpapier ausgelegtes Backblech heben und mit einem Holzstäbchen ein paar Löcher hineinstechen. Genauso mit dem restlichen Teig verfahren.

Die Plätzchen-Cracker ca. 9 Minuten backen, dann jedes Plätzchen umdrehen und weitere 3 Minuten backen. Luftdicht verschlossen halten sich die Cracker mehrere Wochen.

TIPP

In diesem Rezept empfehle ich tatsächlich den Einsatz von veganer Butter, weil die Cracker damit eine bessere Konsistenz erhalten als mit Kokosöl. Auf Seite 14 nenne ich euch meine liebste Marke.

45 MIN.

BLÄTTERTEIG-TANNENBAUM

Diese Idee lieben vor allem meine kleinen Nichten und Neffen. Sie eignet sich prima für Geburtstage oder Feiern im Dezember und kann sowohl süß als auch herzhaft zubereitet werden.

FÜR DAS PESTO

30 g Pinienkerne
30 g Babyspinat
10 g frischer Basilikum
2 kleine Knoblauchzehen
50 ml natives Olivenöl
1 EL Zitronensaft, ggf. mehr zum Abschmecken
1 TL Ahornsirup
Meer- oder Steinsalz nach Geschmack

FÜR EINEN BAUM

2 Rollen Blätterteig (vegan, glutenfrei oder mit Dinkelmehl)
4–5 EL Pesto
1 EL Pinienkerne (optional)
2 EL (glutenfreie) pflanzliche Milch

Für das Pesto die Pinienkerne in einer Pfanne ohne Öl goldbraun rösten und kurz abkühlen lassen. Alle Zutaten mit einem Stabmixer, Food Processor (Zerkleinerer) oder Mixer zu einem feinen Pesto vermengen. Mit Zitronensaft und Meersalz abschmecken und zur Seite stellen.

Den Backofen auf 180 °C Ober- und Unterhitze (160 °C Umluft) vorheizen. Ein Backblech mit Backpapier auslegen und den ersten Blätterteig darauf ausrollen. Den Teig dünn mit dem Pesto bestreichen und, falls gewünscht, die Pinienkerne drauf verteilen. Die zweite Rolle Blätterteig darauflegen und leicht andrücken. Aus dem Teig einen nicht zu hohen Tannenbaum ausschneiden. Aus dem restlichen Teig Sterne ausstechen. Den Baumkörper quer alle 2 cm einschneiden. In der Mitte aber ca. 4 cm für den Stamm aussparen. Jeden Streifen mit den Händen anheben und vorsichtig eindrehen. Die Sterne neben dem Tannenbaum verteilen.

Den Tannenbaum und die Sterne mit etwas pflanzlicher Milch bepinseln und ca. 15–18 Minuten backen, bis sie goldbraun sind. Die Sterne bereits nach ca. 10–12 Minuten aus dem Ofen nehmen. Da die genaue Backzeit je nach Blätterteig variieren kann, empfiehlt es sich, in der Nähe des Ofens zu bleiben. Den Tannenbaum abkühlen lassen und genießen.

TIPP

Glutenfreien und veganen Blätterteig gibt es von einer französischen Marke in gut sortierten Supermärkten. Da dieser rund ist, wird der glutenfreie, vegane Tannenbaum etwas kleiner. Dinkel-Blätterteig gibt es z. B. im Bioladen. Das Rezept klappt natürlich auch in süß, z. B. mit der Vanillekipferl-Creme (Rezept Seite 121) oder einer (veganen) Schoko-Haselnuss-Creme.

MEINE EINKAUFSTIPPS

Natürlich ist es optimal, alle Zutaten in Bioqualität und regional zu kaufen. Viele Zutaten, die ich in diesem Buch verwende, bekommt man meistens sowieso nur in Bioqualität. Doch verstehe ich natürlich, dass Bioprodukte ihren Preis haben. Auch ich kaufe nicht zu hundert Prozent in Bioqualität ein, sondern achte auf eine gesunde Balance.

NÜSSE

Zum Backen verwende ich gerne Backnüsse und Backmandeln. Die sind kleiner, etwas schrumpeliger und man bekommt sie eher selten in Bioqualität. Hier kann man ruhig auf die Eigenmarken von Supermärkten zurückgreifen. Sofern ihr einen leistungsstarken Mixer oder Food Processor habt, lege ich euch sehr ans Herz, eure Nüsse selbst zu mahlen. Gemahlene Nüsse aus dem Supermarkt sind sehr anfällig für Schimmelpilze und werden schnell ranzig. Für Nüsse in höherer Qualität empfehle ich die bekannten Biomarken oder Seeberger.

NUSSMUS

Am günstigsten ist es, sein Nussmus selbst zu machen. Das kann man aber nur mit einem leistungsstarken Zerkleinerer (Food Processor). Nussmus gibt es in den meisten Supermärkten nur in Bio-Qualität, weshalb es recht teuer ist. Günstiger sind die Eigenmarken von Edeka oder Rewe, dm, Budni, Rossmann, Denns oder Alnatura. Achtet beim Kauf von Nussmus immer auf das Wort „Mus". Nur dann handelt es sich um hundertprozentiges Nussmus ohne Zucker- oder Ölzusatz. Die Worte „Creme" oder „Butter" deuten an, dass es sich um einen Aufstrich mit zusätzlichen Zutaten handelt.

MEHL

Da man in den meisten Rezepten nur kleine Mengen an Mehl benötigt, empfehle ich hier am besten Bio-Mehle zu kaufen. Die Eigenmarken der bekannten Supermärkte, Drogerien oder Bio-Supermärkte sind meistens schon eine gute Wahl. Ich beziehe mein Dinkelmehl gerne von der Bohlsener Mühle, einer Bio-Firma aus meiner Region. Am gesündesten ist es natürlich, sein Mehl frisch zu mahlen. Viele Bio-Supermärkte verfügen über Getreidemühlen, in denen man sein Getreide frisch mahlen kann. Frisch gemahlenes Mehl enthält viel mehr Nährstoffe als Mehl, das schon lange im Supermarktregal steht. Aber Achtung: Bei einer Glutenunverträglichkeit oder Zöliakie könnt ihr euer Mehl wegen Kontamination nicht in Bio-Supermärkten mahlen lassen.

GLUTENFREIE MEHLE

Wer eine Glutenunverträglichkeit oder Zöliakie hat, wird wissen, dass es glutenfreie Mehle meistens nur in Bioqualität gibt. Meine Lieblingsfirmen sind Bauckhof, Spielberger Mühle und Alnavit. In einigen Rezepten nutze ich auch selbst gemachtes Hafermehl aus glutenfreien Haferflocken (siehe Seite 12). Das ist so ziemlich das günstigste glutenfreie Mehl, das man nutzen kann. Doch nicht alle Menschen mit Zöliakie vertragen glutenfreien Hafer. Wenn ihr für Menschen mit Zöliakie backt, fragt lieber vorher nach.

PFLANZLICHE MILCH

Da pflanzliche Milch bereits sehr verbreitet ist, halte ich mich kurz. Mein derzeitiger Favorit ist die Firma Natumi, die eine Hafermilch im Sortiment hat, die weniger süß ist und keine zuckerspaltenden Enzyme enthält. Von Natumi gibt es auch glutenfreie Hafermilch. Erbsenmilch liegt ebenfalls im Trend. Ansonsten sind die Eigenmarken von Denns, Alnatura, Edeka, Rewe, dm oder Rossmann immer eine preisgünstige Alternative.

SÜSSUNGSMITTEL

Die meisten „gesünderen" Süßungsmittel findet man nur in Bioqualität. Ich kaufe meinen Ahornsirup gerne von Alnatura oder von der Denns-Eigenmarke. Datteln und Trockenfrüchte hole ich vom türkischen Supermarkt oder auch aus dem Bio-Supermarkt.

KAKAOPULVER

Rohes Kakaopulver ist unverarbeitet und punktet mit einer hohen Nährstoffdichte. Man findet es allerdings nur online, z.B. von Terra Sana. Rohkakaopulver sollte aber nicht erhitzt werden, weshalb ich beim Backen zu stark oder schwach entöltem Backkakao rate. Nur bitte keinen Trinkkakao verwenden, da dieser zum größten Teil aus Zucker besteht.

VANILLE

Bourbon-Vanille ist sehr teuer. Ich kaufe sie dennoch gerne gemahlen, z.B. von Sonnentor oder Aust & Hachmann. Von dmBio und Alnatura gibt es Sachets mit 5 g Bourbon-Vanille. Frisches Vanillemark aus der Schote ist geschmacklich aber natürlich am intensivsten. Bei meinen vielen Rezeptetests für dieses Buch bin ich aus Kostengründen auf Bourbon-Vanillezucker von Alnatura umgestiegen. Den gibt es mit Roh-Rohrzucker und er ist eine gute Alternative für den kleinen Geldbeutel. Da man davon nur kleine Mengen verwendet, ist das meiner Meinung nach völlig in Ordnung, allerdings fällt es natürlich nicht unter die zuckerfreie Ernährung.

SELBST GEMACHTES KÜRBISMUS

FÜR 1 KG KÜRBISMUS
1 kg Hokkaidokürbis

Den Backofen auf 180 °C Ober- und Unterhitze (160 °C Umluft) vorheizen. Den Kürbis halbieren, entkernen und mit Schale würfeln. Auf ein mit Backpapier ausgelegtes Backblech geben und ca. 30 Minuten backen, bis er weich, aber nicht angebrannt ist.

Den Kürbis in eine Schüssel umfüllen und mit einem Pürierstab pürieren. Alternativ den gerösteten Kürbis etwas abkühlen lassen, in einen Zerkleinerer oder einen Mixer geben und darin fein pürieren. Das Kürbismus hält sich einige Tage im Kühlschrank und kann auch eingefroren werden.

SELBST GEMACHTES MARZIPAN

FÜR 1 ROLLE
150 g gemahlene blanchierte Mandeln
100 g Reissirup (oder Honig)
1 EL helles Mandelmus
3–4 Tropfen Bittermandelaroma

Alle Zutaten miteinander vermengen, mit den Händen zu einer geschmeidigen Marzipanmasse verkneten und zu einer Rolle formen. Sollte der Teig zu nass sein, ggf. etwas mehr gemahlene Mandeln einarbeiten. Das Marzipan in einem luftdichten Gefäß ca. 30 Minuten in den Kühlschrank stellen (alternativ in ein Bienenwachstuch oder Backpapier wickeln). Es hält sich luftdicht verschlossen mehrere Wochen im Kühlschrank. Mit Honig ist es natürlich nicht vegan.

LEBKUCHENGEWÜRZ

FÜR 1 GLAS
(alle Zutaten in gemahlener Form)
2 EL Zimt
2 TL Ingwer
2 TL Koriander
1 TL Kardamom
½ TL Nelken
½ TL Muskatnuss

Alle Zutaten vermischen und in einem kleinen Glasbehälter aufbewahren. Diese Gewürzmischung kann sowohl für Lebkuchen als auch Spekulatius verwendet werden.

HELLE GLUTENFREIE MEHLMISCHUNG

FÜR CA. 400 G MEHLMISCHUNG

- 150 g Vollkornreismehl
- 100 g Buchweizen- oder Goldhirsemehl
- 100 g Kartoffelstärke
- 50 g Maisstärke
- 10 g Johannisbrotkernmehl
- 2 EL Flohsamenschalen (optional, aber helfen bei der Bindekraft)

Alle Zutaten vermischen und in einen Glascontainer umfüllen.

Für eine maisfreie Version mehr Kartoffelstärke verwenden. Johannisbrotkernmehl kann durch Guarkernmehl oder Xanthan (davon nur ca. 8 g verwenden) ersetzt werden.

SELBST GEMACHTES NUSS- ODER SONNENBLUMENKERNMUS

FÜR 400 G MUS

- 400 g Sonnenblumenkerne, Mandeln, Cashewkerne oder Nüsse nach Wahl
- 1 EL kaltgepresstes Sesamöl (nur bei Ölsaaten)
- 1 Prise Meer- oder Steinsalz (optional)

Den Backofen auf 180 °C Ober- und Unterhitze (160 °C Umluft) vorheizen. Die Kerne oder Nüsse auf einem Backblech verteilen und ca. 5–8 Minuten rösten, bis sie leicht gebräunt sind. Beim Ofen stehen bleiben, damit nichts anbrennt.

Die Kerne oder Nüsse komplett auskühlen lassen. Dann auf hoher Stufe ca. 4–5 Minuten in einem Food Processor zermahlen. Zwischendurch das entstandene Mus von den Rändern herunterschieben und heiß gelaufenen Küchenmaschinen eine Pause gönnen. Bei Ölsaaten (Sonnenblumenkernen, Sesam, Kürbiskernen) ist manchmal die Zugabe von etwas kaltgepresstem Öl, z. B. Sesamöl, hilfreich, um eine cremige Konsistenz zu erreichen. Bei Nussmus ist das nicht nötig.

Das Salz dazugeben und das Mus weitere 2–3 Minuten pürieren, bis es eine leicht flüssige Konsistenz angenommen hat. In einem luftdichten Glas hält sich das Nuss- oder Sonnenblumenkernmus im Kühlschrank mindestens 2–3 Wochen.

REGISTER

REZEPTREGISTER

DANKE

Ein Buch wie dieses entsteht nicht über Nacht. Es ist ein Gemeinschaftswerk, an dem unglaublich viele Menschen beteiligt sind. Danke an meine fleißigen Elfen: Malin, May Britt, Anna, Mama, Mona, Lucie, Lisa S., Lisa F., Carmen, Fidi, Janna und Eva. Ohne euer ehrliches Feedback wären die Rezepte in diesem Buch niemals so gut geworden. Danke an meine Grafikerin Céline, die ich mit diesem Projekt ins kalte Wasser geworfen habe. Danke, dass du meine Arbeit in diesem Buch so gekonnt in Szene gesetzt hast.

Wie immer gäbe es dieses Buch nicht ohne die Unterstützung meines Mannes Jannis. Danke, dass du mir den Rücken freigehalten hast, wieder einmal jeden Abend den Abwasch übernommen und mich immer wieder aufgebaut hast, wenn ich an mir gezweifelt habe.

Ein großer Dank gilt ebenfalls meiner Freundin und Fotografin Janine Oswald. Deine traumhaften und wunderschönen Bilder verleihen diesem Buch ein unbeschreibliches, winterliches und weihnachtliches Gefühl. Die Tage in Lüneburgs verschneiter Umgebung waren mein Highlight bei der Entstehung dieses Werkes.

Danke an meine Lektorin Janina und Tina vom Thorbecke Verlag, die dieses Projekt kurzfristig mit mir umgesetzt haben. Die Entscheidung, das vorherige E-Book doch noch zu drucken, fiel spät, aber ihr habt alles gegeben, damit es rechtzeitig zu Weihnachten fertig ist.

Danke an meine Familie, die immer an mich geglaubt hat und mich weiterhin bei allem unterstützt, was ich mir in den Kopf gesetzt habe. Und wie immer danke an meinen Papa, den größten Kritiker meiner Rezepte.

Natürlich möchte ich mich bei all den Menschen bedanken, die dieses Buch gekauft haben. Vielleicht seid ihr zufällig auf das Buch gestoßen, vielleicht seid ihr bereits jahrelange Leser:innen meines Blogs Heavenlynn Healthy. In jedem Fall bin ich sehr dankbar für eure Unterstützung.

Ich wünsche mir, dass euch dieses Buch noch viele Jahre in der schönsten Zeit des Jahres begleitet und viele neue Erinnerungen schafft.

Frohe Weihnachten!

Eure Lynn

Über diesen QR-Code gelangt ihr zu einer Lebkuchenhaus-Vorlage zum Ausdrucken und Ausschneiden.

VERLAGSGRUPPE PATMOS

PATMOS
ESCHBACH
GRÜNEWALD
THORBECKE
SCHWABEN
VER SACRUM

Die Verlagsgruppe
mit Sinn für das Leben

Die Autorin

Lynn Hoefer ist ganzheitliche Ernährungsberaterin, Food-Bloggerin, Kochbuch-Autorin und Kolumnistin. Durch die Diagnose Bluthochdruck fand Lynn zur pflanzenbasierten Ernährung und begann ihre Leidenschaft für natürliche Rezepte auf ihrem Blog Heavenlynn Healthy zu veröffentlichen. Ihr Blog zählt zu den erfolgreichsten deutschen Blogs im Bereich gesunde und ausgewogene Ernährung. Bei Thorbecke erschienen bereits ihre zwei Bestseller *Himmlisch gesund und Einfach himmlisch gesund.*

Disclaimer: Die in diesem Buch dargestellten Inhalte wurden nach meinem besten Wissen und Gewissen erstellt. Die gesundheitlichen Tipps in diesem Buch ersetzen keine medizinische Therapie. Meine Rezepte folgen dem Prinzip eines generellen glücklichen und gesunden Lebens. Bei akuten gesundheitlichen Problemen sollte immer eine Ärztin oder ein Arzt konsultiert werden.

Folge Lynn Hoefer
www.heavenlynnhealthy.com
www.instagram.com/heavenlynnhealthy

Für die Verlagsgruppe Patmos ist Nachhaltigkeit ein wichtiger Maßstab ihres Handelns.
Wir achten daher auf den Einsatz umweltschonender Ressourcen und Materialien.

2. Auflage 2021

Verlagsgruppe Patmos in der Schwabenverlag AG, Ostfildern
www.thorbecke.de

Fotos: Cover links, Cover rechts unten, Umschlagrückseite links
und Seiten 4, 6, 18, 37, 68, 84, 86, 93, 110, 127, 135 ©Janine Oswald.
Alle übrigen Fotos ©Lynn Hoefer.
Gestaltung: Céline Marie Großer, Jork – zeline.graphic@gmail.com
Umschlaggestaltung: Finken & Bumiller, Stuttgart
Druck: Firmengruppe APPL, aprinta druck, Wemding
Hergestellt in Deutschland
ISBN 978-3-7995-1528-3

AUS LIEBE ZUR UMWELT:
Dieses Buch wird #ohneFolie geliefert.